AF193334

Utilización de medios telemáticos para su intervención en los movimientos migratorios

ARLO JAVIER URQUIOLA SERRANO

.

Master's Thesis

[September 2025]

Universidad de León

Supervisor: Aurelia Álvarez Rodríguez

Faber & Sapiens

Utilización de medios telemáticos para su intervención en los movimientos migratorios

ARLO JAVIER URQUIOLA SERRANO

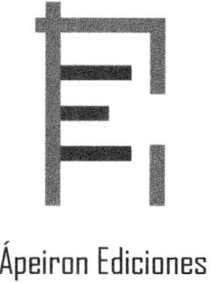

Ápeiron Ediciones

First Edition by Faber & Sapiens,
an imprint of Ápeiron Ediciones,
in 2025

© Faber & Sapiens
© Ápeiron Ediciones
C/ Príncipe de Vergara, n.º 132, planta 9
28002 Madrid
Tfno. (+34) 611 00 28 41
E-mail: info@faberandsapiens.com
http: www.faberandsapiens.com

Design and layout: Ápeiron Ediciones

ISBN: 979-13-991032-6-7
DL: M-25229-2025

DEDICATORIA

A **Dios**, por ser mi guía y fortaleza en cada paso de este camino.

A mis **padres**, por haberme señalado el sendero del Derecho y por su apoyo incondicional, aun en la distancia.

A mis **hermanos**, por su compañía y aliento constante.

A mis **amigos**, por caminar conmigo con afecto y comprensión.

AGRADECIMIENTOS

A **Dios**, fuente de sabiduría y fortaleza, cuya presencia me ha acompañado en los momentos de dificultad y de esfuerzo.

A mis **padres**, ejemplo de dedicación y constancia, quienes me orientaron desde siempre hacia el camino del Derecho. Su apoyo incondicional, incluso desde la distancia, ha sido un pilar fundamental para alcanzar esta meta.

A mis **hermanos**, por su cercanía, ánimo y respaldo en cada etapa de mi vida personal y académica.

A la Profesora **Aurelia Álvarez Rodríguez**, mi tutora, por su paciencia, generosidad y valiosas orientaciones, que enriquecieron de manera decisiva este trabajo.

A la **Universidad de León**, institución que me acogió y me brindó el espacio académico necesario para crecer, formarme y culminar con éxito esta investigación.

Y a mis **amigos**, por su comprensión, compañía y estímulo, que han hecho más llevadero este recorrido.

A todos ellos, expreso mi más sincero y profundo agradecimiento.

Resumen

El presente Trabajo de Fin de Máster analiza el impacto de la digitalización en los procedimientos de extranjería en España, con especial atención al papel de los medios telemáticos en la gestión administrativa migratoria. El estudio demuestra que la incorporación de herramientas como la plataforma MERCURIO, los certificados digitales y el sistema Cl@ve ha mejorado la eficiencia, la trazabilidad y la seguridad jurídica, al tiempo que ha generado nuevos desafíos vinculados a la ciberseguridad, la protección de datos personales y la brecha digital migrante. Desde una perspectiva jurídico-doctrinal, se examinan los marcos normativos aplicables (Ley 39/2015, Reglamento General de Protección de Datos (RGPD), Ley Orgánica 3/2018 de Protección de Datos Personales y Garantía de los Derechos Digitales (LOPDGDD), y la jurisprudencia del Tribunal de Justicia de la Unión Europea, con especial referencia al uso de datos biométricos y decisiones automatizadas. Asimismo, se identifican las limitaciones que afectan al acceso igualitario a los derechos y se formulan propuestas orientadas a reforzar la ciberseguridad institucional, promover la inclusión digital y adecuar el marco normativo. El trabajo concluye que la digitalización constituye una oportunidad de modernización, pero exige un enfoque garantista que coloque a la persona migrante en el centro, asegurando la compatibilidad entre eficiencia tecnológica y respeto a los derechos fundamentales.

Palabras clave: Extranjería, medios telemáticos, ciberseguridad, protección de datos, brecha digital migrante.

Abstract

This Master's Dissertation analyzes the impact of digitalization on immigration procedures in Spain, focusing on the role of telematic tools in administrative management. It shows that platforms such as MERCURIO, digital certificates, and the Cl@ve system have improved efficiency, traceability, and legal certainty, but have also created significant challenges in terms of cybersecurity, data protection, and the digital divide faced by migrants. From a legal perspective, the study reviews the relevant frameworks (Law 39/2015, the General Data Protection Regulation (GDPR), Organic Law 3/2018, on Personal Data Protection and guarantee of digital rights, and the case law of the Court of Justice of the European Union, with particular attention to biometric data and automated decision making. It also identifies barriers that hinder equal access to rights and suggests measures to strengthen institutional security, promote digital inclusion, and adapt the regulatory framework. The conclusion reached is that digitalization offers a valuable opportunity for modernization, but it must be guided by a rights based approach that places migrants at the center, ensuring that technological progress is aligned with the protection of fundamental rights.

Keywords: Immigration law, telematic tools, cybersecurity, data protection, migrant digital divide.

CONTENTS

INTRODUCCIÓN 13
OBJETO DEL TRABAJO 17
METODOLOGÍA 21

**1. Los Medios Telemáticos en la Gestión Administrativa
de la Extranjería en España** 23
   1.1. Introducción general al proceso de digitalización administrativa 23
   1.2. El marco jurídico de la digitalización en extranjería 25
   1.3. Principales herramientas digitales en extranjería 26
      a) Plataforma Mercurio 26
      b) Certificado digital, Cl@ve PIN y Cl@ve Permanente 27
      c) Sedes electrónicas y portales telemáticos 27
   1.4. Impacto positivo de la digitalización 28
   1.5. Limitaciones y retos actuales 29
      a) Brecha digital y exclusión social 29
      b) Riesgos de ciberseguridad 29
      c) Intermediación necesaria y legalidad 30
**2. La Ciberseguridad y la Protección de Datos Sensibles
en el Marco de la Intervención Telemática Migratoria** 31
   2.1. Protección de Datos en el Entorno Telemático de Extranjería 31
   2.2. Marco jurídico: RGPD, LOPDGDD y principio de legalidad 32
   2.3. Interoperabilidad de bases de datos migratorias: SIS, VIS,
      EURODAC y EES 37
   2.4. Riesgos específicos ligados al uso de datos biométricos 41
   2.5. Riesgos emergentes: sesgo algorítmico y función policial ampliada 44
   2.6. Evaluación de Impacto y principios de minimización 44
      2.6.1. Contenido mínimo de una EIPD en grandes bases
         biométricas 45
      2.6.2. Principios de minimización y limitación temporal 46

2.6.3. Transparencia, consulta de los interesados
y supervisión independiente 48
2.6.4. Hacia un estándar europeo de Evaluación de Impacto
de Protección de datos (DPIA o EIPD) para sistemas migratorios...... 49
3. Desafíos del Acceso Telemático Igualitario 51
3.1. La brecha digital migrante... 51
3.2. Derechos afectados: igualdad, no discriminación
y seguridad jurídica 52
3.3. Consecuencias sociales y jurídicas: dependencia, exclusión
y fraude.. 53
3.4. Jurisprudencia relevante y respuestas institucionales 54
3.4.1. La acreditación de la presentación telemática
en extranjería y la STS 1042/2025 57
4. Propuestas para un Sistema Telemático Migratorio Más Justo,
Seguro e Inclusivo... 61
4.1. Medidas para reforzar la ciberseguridad institucional.................... 61
4.2. Estrategias para fomentar la inclusión digital
de la población migrante 63
4.3. Reformas normativas y políticas públicas garantistas..................... 65

CONCLUSIONES... 69
BIBLIOGRAFÍA... 73
ANEXO LEGISLATIVO 79
ANEXO JURISPRUDENCIAL... 81

INTRODUCCIÓN

En las últimas dos décadas, el proceso de digitalización de las administraciones públicas ha transformado radicalmente la forma en que los ciudadanos interactúan con el Estado.

Esta transformación, impulsada por el avance de las tecnologías de la información y la comunicación, se ha acelerado en el contexto postpandemia, extendiéndose a prácticamente todas las esferas de la gestión pública.

En este marco, el ámbito de los movimientos migratorios no ha sido una excepción: los medios telemáticos han pasado a desempeñar un papel central tanto en la tramitación administrativa de los procedimientos de extranjería como en la manera en que los propios sujetos migrantes se enfrentan a los retos de la movilidad internacional.

España, como país receptor de migración y miembro de la Unión Europea, ha incorporado progresivamente plataformas digitales que permiten iniciar, consultar y resolver expedientes relacionados con la entrada, estancia y residencia de personas extranjeras. Herramientas como la plataforma Mercurio, el uso del certificado digital o la identificación mediante Cl@ve PIN y Cl@ve Permanente no solo buscan optimizar la eficiencia del sistema, sino también ampliar el acceso geográfico y descongestionar la atención presencial. No obstante, estos avances tecnológicos, aunque beneficiosos en muchos aspectos, también han generado nuevos desafíos vinculados a la ciberseguridad, la protección de datos personales y la equidad en el acceso a los derechos.

El presente Trabajo de Fin de Máster tiene como objetivo central analizar cómo la utilización de medios telemáticos está redefiniendo los procesos migratorios en España, con una mirada crítica que contemple tanto su uso institucional como su implementación práctica desde el lado de los usuarios, incluidos los profesionales que intervienen en representación de las personas migrantes. Este análisis parte del reconocimiento de que la tecnología no es neutra: sus condiciones de acceso, comprensión y seguridad impactan directamente sobre el principio de igualdad y sobre el ejercicio efectivo de los derechos fundamentales por parte de colectivos en situación de vulnerabilidad.

El primer capítulo del trabajo examina el contexto general de digitalización en el ámbito migratorio, exponiendo los fundamentos jurídicos que han impulsado este cambio de paradigma y destacando las principales herramientas que estructuran actualmente la gestión administrativa en materia de extranjería. Se ofrece un análisis detallado de la plataforma Mercurio, los certificados digitales, el sistema Cl@ve y las sedes electrónicas, evaluando sus funcionalidades, beneficios y limitaciones desde una perspectiva de derecho administrativo y de usabilidad.

A continuación, el segundo capítulo aborda una cuestión especialmente crítica en el entorno digital: la ciberseguridad y la protección de datos sensibles en el marco de la intervención telemática migratoria. En este bloque se exploran los riesgos asociados a la digitalización como las brechas de seguridad, la suplantación de identidad o el uso indebido de plataformas no oficiales y se analiza el marco normativo aplicable, especialmente el Reglamento General de Protección de Datos (RGPD) y la Ley Orgánica de Protección de Datos Personales y Garantía de los Derechos Digitales (LOPDGDD). Se presta especial atención al tratamiento de datos biométricos y a las obligaciones legales de la Administración y de los operadores jurídicos.

El tercer capítulo se centra en los desafíos de garantizar un acceso telemático igualitario a los procedimientos administrativos en extranjería. Aquí se introduce el concepto de "brecha digital migrante", entendida como la acumulación de barreras tecnológicas, lingüísticas y estructurales que dificultan el uso autónomo de medios digitales por parte de muchas personas extranjeras. Asimismo, se examinan las consecuencias de esta brecha en términos de discriminación indirecta, inseguridad jurídica y desigualdad en el acceso a derechos.

Frente a este panorama, el cuarto capítulo del trabajo formula un conjunto de propuestas orientadas a mejorar la calidad, seguridad y equidad del sistema telemático migratorio. Las recomendaciones incluyen medidas para reforzar la ciberseguridad institucional, estrategias para fomentar la inclusión digital de la población migrante y sugerencias de reformas normativas y políticas públicas orientadas a garantizar un enfoque verdaderamente garantista e inclusivo de la digitalización administrativa.

Finalmente, el trabajo concluye con una recapitulación de los hallazgos más relevantes, señalando las tensiones existentes entre la eficiencia tecnológica y la justicia social, y sugiriendo líneas de investigación futuras en la intersección entre derecho administrativo, tecnología y derechos humanos.

Desde un enfoque metodológico se encuadra en una investigación documental, realizando un estudio que combina el análisis doctrinal y normativo con la observación práctica del funcionamiento de las plataformas, apoyándose en fuentes oficiales, informes institucionales, jurisprudencia y literatura académica especializada. El trabajo tiene también una dimensión crítica, ya que no se limita a describir las herramientas digitales, sino que cuestiona su implementación desde la perspectiva de los principios fundamentales que rigen el Estado de Derecho.

Con ello, se pretende contribuir a una mejor comprensión del papel que los medios telemáticos están desempeñando en la gobernanza migratoria, y a generar propuestas que permitan avanzar hacia un modelo de gestión más justo, accesible y respetuoso con los derechos de las personas migrantes.

OBJETO DEL TRABAJO

El presente Trabajo de Fin de Máster tiene como objeto el análisis de la utilización de los medios telemáticos en la gestión de los movimientos migratorios en España, con una aproximación crítica que permita valorar tanto los avances que ha supuesto la digitalización administrativa como los riesgos y desafíos que plantea en términos de ciberseguridad, protección de datos y acceso igualitario a los derechos.

Definición del problema y delimitación

La progresiva digitalización de la Administración Pública, consagrada normativamente en la Ley 39/2015, de 1 de octubre, del Procedimiento Administrativo Común de las Administraciones Públicas, y en la Ley 40/2015, de Régimen Jurídico del Sector Público, ha impulsado la implantación de un modelo de relación electrónica entre la Administración y la ciudadanía. En el ámbito de la extranjería, ello se ha materializado en la utilización de plataformas como MERCURIO, los sistemas de identificación electrónica (certificado digital, Cl@ve PIN y Cl@ve Permanente) y las sedes electrónicas de las Delegaciones y Subdelegaciones del Gobierno.

Aunque estas herramientas han mejorado la eficiencia, la trazabilidad y la seguridad jurídica de los procedimientos, han generado también barreras significativas para la población migrante. La imposibilidad de acceder a certificados digitales, las limitaciones técnicas y lingüísticas, o la necesidad de recurrir a intermediarios no autorizados, son factores que condicionan el ejercicio efectivo de derechos fundamentales como la igualdad, la tutela judicial efectiva y la no discriminación (art. 14 CE y art. 21 de la Carta de Derechos Fundamentales de la Unión Europea).

La problemática que se aborda en este trabajo se sitúa, por tanto, en la tensión entre la eficiencia tecnológica y la garantía de derechos fundamentales, delimitándose al contexto español dentro del marco jurídico europeo y centrando la atención en tres ejes:

El impacto de los medios telemáticos en la gestión administrativa de la extranjería.

Los riesgos de ciberseguridad y protección de datos personales, especialmente en relación con el uso de datos biométricos y sistemas interoperables (SIS, VIS, EURODAC, EES).

Los desafíos vinculados a la denominada *"brecha digital migrante"* y a la necesidad de inclusión tecnológica.

Objetivos

Los objetivos del presente estudio son los siguientes:

- Examinar el marco normativo que regula la digitalización administrativa y su aplicación en el ámbito migratorio, con especial atención al Reglamento General de Protección de Datos (RGPD) y a la Ley Orgánica 3/2018, de Protección de Datos Personales y Garantía de los Derechos Digitales (LOPDGDD).
- Analizar el funcionamiento práctico de las principales plataformas y herramientas telemáticas de extranjería, identificando tanto sus beneficios como sus limitaciones.
- Identificar los riesgos jurídicos y sociales asociados a la digitalización de los procedimientos, con especial atención a la protección de datos sensibles y a la ciberseguridad.
- Estudiar la brecha digital migrante como fenómeno de exclusión jurídica y social derivado de la falta de acceso y competencias digitales.

• Formular propuestas de mejora orientadas a reforzar la seguridad institucional, garantizar la igualdad real en el acceso a los trámites y promover reformas normativas de carácter garantista.

Interés y actualidad del tema

La digitalización de los procedimientos migratorios constituye un tema de gran actualidad, no solo por la aceleración que experimentó tras la pandemia de COVID-19, sino también por la consolidación de un modelo europeo de interoperabilidad de bases de datos migratorias, gestionado por la agencia eu-LISA. La implantación de sistemas como el EES, prevista para 2025, y el uso creciente de tecnologías basadas en inteligencia artificial y datos biométricos, plantean interrogantes sobre su compatibilidad con los derechos fundamentales y sobre la proporcionalidad de su utilización.

En este contexto, resulta de especial interés analizar cómo la digitalización, concebida como una herramienta de modernización administrativa, puede transformarse en un factor de exclusión cuando no se acompaña de políticas públicas de inclusión digital y de garantías jurídicas adecuadas. El estudio aporta, por tanto, una reflexión necesaria sobre la forma en que el Derecho puede y debe responder a estos nuevos desafíos tecnológicos.

Aplicaciones prácticas

El trabajo no se limita a un análisis teórico, sino que busca ofrecer herramientas útiles a distintos actores:

Para los operadores jurídicos (abogados, gestores, asociaciones), el estudio proporciona un marco de referencia sobre los derechos y obligaciones que derivan del uso de plataformas digitales en extranjería.

Para las instituciones públicas, ofrece propuestas concretas en materia de ciberseguridad, accesibilidad y reformas normativas, con el fin de mejorar la eficacia del sistema sin menoscabo de las garantías fundamentales.

Para la doctrina académica, constituye una aportación al debate sobre la relación entre digitalización, migraciones y derechos humanos, un campo en expansión en la investigación europea.

En definitiva, el objeto del trabajo es demostrar que la digitalización en el ámbito migratorio no es un proceso neutro, sino que debe ser analizado críticamente para garantizar que la eficiencia administrativa no se imponga sobre la justicia social y los derechos fundamentales.

METODOLOGÍA

El presente Trabajo de Fin de Máster se orienta a realizar un análisis jurídico sobre la utilización de los medios telemáticos en la gestión de los movimientos migratorios en España, desde una perspectiva que articula la ciberseguridad, la protección de datos y los derechos fundamentales de las personas migrantes. Se trata, por tanto, de un estudio que, aunque aborda solo una fracción de la complejidad del ordenamiento jurídico, busca aportar una reflexión con utilidad práctica y académica en un ámbito de creciente relevancia.

La metodología adoptada se enmarca en un diseño de *investigación documental*, característico de los estudios jurídicos de este nivel académico. Este enfoque resulta idóneo para examinar de forma sistemática la normativa vigente, la jurisprudencia aplicable y la doctrina especializada, a fin de construir un marco crítico que permita valorar los alcances y limitaciones del proceso de digitalización en materia migratoria.

El trabajo se estructura en capítulos temáticos, cada uno de los cuales responde a un eje de investigación: desde la contextualización normativa y doctrinal hasta el análisis de riesgos en ciberseguridad, pasando por el examen de la brecha digital y sus consecuencias jurídicas y sociales. Esta división metodológica facilita avanzar de lo general a lo particular, para finalmente formular propuestas de mejora y conclusiones fundamentadas.

En cuanto a las fuentes, el estudio combina legislación nacional y europea, jurisprudencia relevante de tribunales nacionales e internacionales, así como doctrina académica especializada en derecho administrativo, extranjería y protección de datos. Asimismo, se han tenido en cuenta informes y documentos técnicos elaborados por instituciones nacionales e internacionales, junto con revistas jurídicas y recursos electrónicos de carácter científico, que han permitido incorporar literatura reciente y casos de actualidad vinculados al objeto de la investigación.

El enfoque seguido es de carácter cualitativo y crítico. No se limita a describir las fuentes, sino que busca interpretarlas y valorarlas en relación con los problemas jurídicos que plantea la digitalización migratoria, poniendo de relieve tanto sus avances como sus riesgos. Con ello, se pretende ofrecer una visión integral que combine el rigor del análisis doctrinal con una perspectiva práctica y orientada a la protección efectiva de los derechos fundamentales.

En definitiva, la metodología empleada garantiza la coherencia entre los objetivos planteados y el desarrollo del trabajo, proporcionando una base sólida para alcanzar conclusiones fundadas y propuestas útiles en el debate jurídico sobre digitalización y migraciones.

1. Los Medios Telemáticos en la Gestión Administrativa de la Extranjería en España

1.1. Introducción general al proceso de digitalización administrativa

La digitalización de los procedimientos administrativos en España ha dejado de ser una aspiración de modernización para convertirse en una obligación jurídica y funcional. En el ámbito de la extranjería, este proceso ha tenido un impacto significativo, reconfigurando tanto las relaciones entre los ciudadanos extranjeros y la Administración como el propio papel de los operadores jurídicos que los representan.

Desde la entrada en vigor de la **Ley 39/2015, del Procedimiento Administrativo Común de las Administraciones Públicas**, se establece como principio general la tramitación electrónica de los procedimientos y el derecho y en ciertos casos la obligación de las personas interesadas a relacionarse digitalmente con la Administración[1].

Este principio ha adquirido un peso especial en el campo del Derecho de Extranjería, donde los procedimientos suelen implicar una gran carga documental, una intervención plural de actores y la necesidad de garantías en cuanto a plazos, medios de prueba y trazabilidad de las actuaciones.

En este marco, cabe destacar que la digitalización administrativa no puede entenderse como un fenómeno exclusivamente técnico o instrumental. La digitalización constituye una transformación estructural

---

[1] Ley 39/2015, de 1 de octubre, del Procedimiento Administrativo Común de las Administraciones Públicas. BOE núm. 236, de 2 de octubre de 2015.

de la forma en que se conciben y prestan los servicios públicos. Según la Organización para la Cooperación y el Desarrollo Económicos (OCDE), el gobierno digital implica no solo la automatización de procesos, sino también la creación de valor público a través de estrategias digitales integradas, centradas en el ciudadano, la participación y la transparencia institucional[2].

En este sentido, se evidencia una transformación significativa en la forma en que el Estado incorpora tecnologías digitales para optimizar sus procesos y servicios, ha supuesto una evolución conceptual y operativa dentro de las administraciones públicas.

Esta evolución se caracteriza por la incorporación de tecnologías como el *big data*, la inteligencia artificial, el blockchain o la automatización algorítmica de procedimientos, lo que requiere una redefinición completa de las estructuras de gobernanza pública[3].

En el caso de España, este proceso ha sido particularmente significativo. El país se encuentra entre los diez primeros de la Unión Europea en el índice de desarrollo de servicios públicos digitales (DESI 2022), ocupando el 5.º puesto en este ranking, con un 94 % de digitalización en servicios para empresas y un 87 % en los orientados a la ciudadanía[4]. Asimismo, destaca por su apuesta por los datos abiertos, la interoperabilidad entre niveles administrativos y la implementación de sistemas de identidad digital como Cl@ve, que han contribuido a una mayor accesibilidad y eficiencia[5].

---

[2] OCDE. *Recomendación del Consejo sobre estrategias de gobierno digital.* [en línea]. 2014 [consulta: 24 agosto 2025]. Disponible en: https://www.oecd.org/gov/digital-government/

[3] COTINO HUESO, L. *La digitalización en las administraciones públicas en España.* Madrid: Fundación Alternativas, 2023. Documento de trabajo N.º 228, pp. 9–12.

[4] COMISIÓN EUROPEA. Digital Economy and Society Index (DESI) 2022 Insight Report [en línea]. 2022 [consulta: 20 julio 2025]. Disponible en: https://digital-strategy.ec.europa.eu

[5] Ibid., pp. 18–20.

Desde la perspectiva investigadora, el estudio bibliométrico reciente realizado por López identifica más de 5.000 publicaciones sobre la transformación digital en la administración pública. Este trabajo destaca seis líneas de investigación principales, entre ellas: el impacto de la inteligencia artificial en la gestión pública, la transparencia algorítmica, la cocreación de servicios, los datos abiertos, y el papel de la digitalización en la inclusión social y la sostenibilidad administrativa[6].

Sin embargo, también se han evidenciado tensiones y riesgos derivados de esta transformación, como la brecha digital, la opacidad algorítmica, la dependencia tecnológica o la falta de adaptación normativa.

Por ello, muchos expertos coinciden en que la transición hacia un modelo de gobernanza digital debe estar guiada por principios éticos, garantías jurídicas y mecanismos de evaluación continua[7]

1.2. El marco jurídico de la digitalización en extranjería

El desarrollo normativo en esta materia tiene su fundamento no solo en la Ley 39/2015, sino también en la **Ley 40/2015, de Régimen Jurídico del Sector Público**, que regula aspectos técnicos y organizativos del funcionamiento digital de las administraciones. Ambas normas conforman lo que se ha denominado la "Constitución electrónica" de la Administración Pública en España[8].

---

[6] LÓPEZ, A. L., UQUILLAS, G. G., JÁCOME, I. M. y PÉREZ, F. P. La transformación digital en la administración pública: evolución y tendencias de investigación. *Perspectivas Sociales y Administrativas*. 2025, vol. 3, n.º 1, pp. 17-36.
[7] GAMERO CASADO, E. Reflexiones introductorias: de la administración electrónica a la digital (o la historia interminable). En: CERRILLO I MARTÍNEZ, A. (coord.). *La administración digital*. Madrid: Dykinson, 2022, pp. 33-35.
[8] Ley 40/2015, de 1 de octubre, de Régimen Jurídico del Sector Público. BOE núm. 236, de 2 de octubre de 2015.

En el plano europeo, el Reglamento General de Protección de Datos (RGPD)[9] y la Ley Orgánica 3/2018, de Protección de Datos Personales y garantía de los derechos digitales (LOPDGDD)[10] ofrecen un marco de garantías sobre el tratamiento de datos especialmente sensibles, como los que se manejan en los expedientes de extranjería (huellas, antecedentes penales, datos biométricos o familiares).

1.3. Principales herramientas digitales en extranjería

a) Plataforma Mercurio

La Plataforma Mercurio constituye uno de los hitos más importantes en la transformación digital de la gestión de autorizaciones iniciales de residencia y trabajo. Permite a los empleadores o a los representantes legales presentar solicitudes directamente a través de Internet, evitando desplazamientos y la presentación física de documentos.

Uno de los aspectos destacables de esta plataforma es la posibilidad de generar un resguardo electrónico de presentación, lo que garantiza la trazabilidad y el cómputo preciso de plazos[11].

Desde una perspectiva práctica, Mercurio ha reducido los tiempos de tramitación y ha simplificado el archivo digital de documentos. No obstante, presenta también ciertas limitaciones: requiere conocimientos técnicos y suele ser inaccesible sin certificado digital de representante, lo que obliga al migrante a depender del certificado digital de abogados o gestores.

---

[9] Reglamento (UE) 2016/679 del Parlamento Europeo y del Consejo, de 27 de abril de 2016, General de Protección de Datos (RGPD).

[10] Ley Orgánica 3/2018, de 5 de diciembre, de Protección de Datos Personales y garantía de los derechos digitales (LOPDGDD).

[11] MINISTERIO DE INCLUSIÓN, SEGURIDAD SOCIAL Y MIGRACIONES. *Plataforma MERCURIO-Guía de uso para empleadores.* [en línea]. 2023 [consulta: 22 julio 2025]. Disponible en: https://extranjeros.inclusion.gob.es

b) Certificado digital, Cl@ve PIN y Cl@ve Permanente

Los sistemas de identificación electrónica, como el certificado digital FNMT, Cl@ve PIN y Cl@ve Permanente, son mecanismos de autenticación requeridos en prácticamente todos los procedimientos administrativos actuales. En extranjería, son imprescindibles para acceder a sedes electrónicas, firmar electrónicamente documentos, consultar expedientes o realizar alegaciones.

El problema que se observa en la práctica es que muchos migrantes no poseen la documentación necesaria para obtener un certificado digital, ya que este requiere una residencia en vigor, o el desplazamiento presencial a una oficina autorizada[12]. Esto genera una barrera estructural para el ejercicio de sus derechos en condiciones de igualdad.

Por otro lado, la creciente digitalización ha fomentado la aparición de servicios alternativos no oficiales, muchas veces ofrecidos por terceros que actúan sin habilitación legal, y que exponen al migrante a situaciones de vulnerabilidad, fraudes o pérdida de datos personales.

c) Sedes electrónicas y portales telemáticos

El portal del Ministerio de Inclusión, Seguridad Social y Migraciones[13], junto con las sedes electrónicas de las Delegaciones y Subdelegaciones del Gobierno, han permitido descentralizar el acceso a los procedimientos de extranjería. Trámites como renovaciones, modificaciones, consultas de expedientes y recursos administrativos pueden gestionarse sin necesidad de presencia física.

---

[12] FNMT-RCM. *Certificados digitales para personas físicas* [en línea]. 2024 [consulta: 24 agosto 2025]. Disponible en: https://www.sede.fnmt.gob.es/certificados
[13] SEDE ELECTRÓNICA DEL MINISTERIO DE INCLUSIÓN. *Extranjería* [en línea]. 2024 [consulta: 24 agosto 2025]. Disponible en: https://extranjeros.inclusion.gob.es

A través del modelo de presentación telemática, se permite al usuario acceder a los formularios, adjuntar documentación, firmar electrónicamente y recibir notificaciones. Esto representa un avance significativo en términos de eficiencia, aunque muchas de estas funcionalidades aún presentan inestabilidad técnica o errores frecuentes de carga, especialmente en las fechas de mayor volumen administrativo.

1.4. Impacto positivo de la digitalización

Los beneficios de la digitalización administrativa en extranjería pueden agruparse en tres ejes principales:

- **Eficiencia administrativa**: la tramitación electrónica ha contribuido a la reducción de plazos, la eliminación del papel físico y la automatización de tareas. La interoperabilidad de sistemas ha permitido un mejor flujo de información entre distintas administraciones.

- **Accesibilidad geográfica**: personas migrantes que residen en zonas rurales, en otras provincias o incluso fuera de España han podido iniciar procedimientos sin necesidad de viajar o acudir presencialmente, especialmente útil en periodos de pandemia[14].

- **Seguridad jurídica y trazabilidad**: la posibilidad de generar acuses de recibo, firmas digitales y sellos electrónicos refuerza el principio de constancia documental. Además, permite a los usuarios seguir el estado de sus expedientes sin intermediarios, en algunos casos.

---

[14] FUNDACIÓN COTEC. *Informe sobre la digitalización administrativa post-COVID* [en línea]. 2023 [consulta: 26 julio 2025]. Disponible en: https://cotec.es

1.5. Limitaciones y retos actuales

Pese a sus avances, el modelo digital en extranjería presenta importantes retos, que deben abordarse desde una perspectiva garantista:

a) Brecha digital y exclusión social

Una de las principales críticas a la gestión electrónica es que no todos los migrantes tienen las habilidades tecnológicas ni los recursos materiales para interactuar con estos sistemas. Esto genera una nueva forma de exclusión: la exclusión digital[15].

Además, la digitalización total ha sido percibida por algunos sectores como una forma de despersonalización del procedimiento, reduciendo las posibilidades de interacción humana.

b) Riesgos de ciberseguridad

El tratamiento de datos sensibles mediante medios telemáticos conlleva riesgos inherentes: accesos indebidos, suplantaciones de identidad, hackeos o brechas de seguridad. El cumplimiento del RGPD y la LOP-DGDD impone a la Administración la obligación de adoptar medidas técnicas y organizativas adecuadas para garantizar la confidencialidad, integridad y disponibilidad de los datos.

Recientes informes del INCIBE y de la AEPD han alertado sobre la necesidad de fortalecer la resiliencia digital de las plataformas públicas y reforzar el control sobre los intermediarios que operan en este sector sin las debidas garantías legales.

---

[15] PÉREZ-MONEO, M. Brecha digital y acceso a derechos sociales. *Revista Española de Sociología*. 2021, vol. 30, n.º 2, pp. 91–105.

c) Intermediación necesaria y legalidad

La creciente digitalización ha potenciado el papel de **abogados y gestores especializados** como actores indispensables para el acceso al procedimiento, ya que muchas personas migrantes no pueden utilizar las plataformas por sí mismas al no poder obtener el certificado digital. Si bien esta intermediación puede facilitar el acceso efectivo al derecho, también puede generar dependencias económicas o relaciones poco transparentes, especialmente cuando intervienen "gestores informales".

En este sentido, la utilización de medios telemáticos en la gestión de extranjería representa un avance estructural en el modelo administrativo español. Sin embargo, debe entenderse como un proceso que debe equilibrar la eficiencia tecnológica con la protección de los derechos fundamentales, en particular el derecho a la igualdad, a la no discriminación, al acceso a la justicia y a la protección de datos personales.

2. La Ciberseguridad y la Protección de Datos Sensibles en el Marco de la Intervención Telemática Migratoria

La progresiva digitalización de los procedimientos de extranjería ha modificado de forma sustancial la gestión de la movilidad en el espacio europeo. Herramientas como el Sistema de Información de Schengen (SIS), el Sistema de Información de Visados (VIS) o la base de datos biométrica EURODAC facilitan el intercambio ágil de información entre Estados miembros, pero plantean serios retos en materia de protección de datos y ciberseguridad, en particular cuando se tratan categorías especiales como los datos biométricos.

Este capítulo analiza, desde una perspectiva jurídico-doctrinal y jurisprudencial, los riesgos específicos vinculados al uso de dichos sistemas, así como las exigencias normativas derivadas del Reglamento General de Protección de Datos (RGPD), la Ley Orgánica 3/2018 (LOPDGDD), y la jurisprudencia reciente del Tribunal de Justicia de la Unión Europea (TJUE).

2.1. Protección de Datos en el Entorno Telemático de Extranjería

La digitalización de los procedimientos migratorios ha transformado la forma en que los Estados gestionan los flujos migratorios, permitiendo un acceso más rápido a la información, mayor trazabilidad de los procesos y una interconexión institucional sin precedentes.

Sin embargo, el uso de medios telemáticos también ha generado desafíos relacionados con la protección de datos personales, en particular aquellos considerados sensibles como los biométricos, los datos de nacionalidad, el historial migratorio, datos de salud, religión o incluso antecedentes penales.

Esta clase de información puede exponer a la persona migrante a riesgos de exclusión, discriminación o persecución, tanto por parte de actores institucionales como por terceros malintencionados.

2.2. Marco jurídico: RGPD, LOPDGDD y principio de legalidad

El Reglamento General de Protección de Datos (RGPD) de la Unión Europea establece en su artículo 9 que los datos personales que revelen el origen étnico o racial, opiniones políticas, convicciones religiosas o filosóficas, afiliación sindical, datos genéticos, datos biométricos dirigidos a identificar de manera unívoca a una persona física, datos relativos a la salud o a la vida sexual u orientación sexual de una persona física son categorías especiales de datos que merecen una protección reforzada[16].

Este artículo prohíbe su tratamiento, salvo que concurran algunas de las excepciones previstas: consentimiento explícito, cumplimiento de obligaciones legales o razones de interés público esencial, entre otras.

Por su parte, la Ley Orgánica 3/2018, de Protección de Datos Personales y Garantía de los Derechos Digitales (LOPDGDD), incorpora estos principios al marco jurídico español, reforzando el enfoque garantista. Esta ley específica la obligación de realizar una evaluación de impacto en aquellos tratamientos de datos que impliquen un alto riesgo para los derechos y libertades de las personas, como es el caso de los procesos de identificación biométrica o de cruce de datos migratorios en bases de datos interconectadas.

En este sentido, la Agencia Española de Protección de Datos (AEPD) ha emitido diversas recomendaciones, entre ellas la Guía sobre tratamientos de control de presencia mediante sistemas biométricos (2023),

---

[16] Reglamento (UE) 2016/679 del Parlamento Europeo y del Consejo (RGPD).

en la que se destacan varios principios extrapolables a la gestión migratoria.

En primer lugar, se señala que la mera comodidad o rapidez no puede justificar la adopción de tecnologías altamente intrusivas, como el reconocimiento facial o la identificación por huella dactilar. En segundo lugar, se reitera la necesidad de aplicar el principio de minimización: solo deben recogerse los datos estrictamente necesarios para cumplir con la finalidad prevista[17].

Además, la AEPD advierte de que los responsables del tratamiento deben proporcionar a los interesados una información clara, accesible y adaptada al contexto cultural y lingüístico del destinatario. Esto es especialmente relevante en el caso de personas migrantes que pueden no dominar el idioma del país de acogida o no estar familiarizadas con sus derechos digitales. Finalmente, la guía recalca la obligación de garantizar la transparencia, la trazabilidad del acceso a los datos, la supervisión humana en los procesos automatizados y la posibilidad real de ejercer los derechos ARSULIPO (acceso, rectificación, supresión, limitación, portabilidad y oposición).

A todo ello se suma la jurisprudencia del Tribunal de Justicia de la Unión Europea (TJUE), que ha establecido en múltiples sentencias la obligación de que los tratamientos de datos personales, especialmente cuando afectan a poblaciones vulnerables como los migrantes, deben ser sometidos a un control estricto y estar sujetos a salvaguardias jurídicas eficaces.

En la sentencia C-579/21 (Pankki S), de 22 de junio de 2023[18], el TJUE determinó que toda decisión automatizada basada en datos

---

[17] AGENCIA ESPAÑOLA DE PROTECCIÓN DE DATOS (AEPD). *Guía sobre tratamientos de control de presencia mediante sistemas biométricos. 2023.* [en línea] [Consulta: 8 septiembre 2025]. Disponible en: https://www.aepd.es

[18] Tribunal de Justicia de la Unión Europea. (2023). Sentencia TJUE. Asunto C-579/21 (Pankki S), de 22 de junio de 2023, ECLI:EU:C:2023:503. Disponible en: https://curia.europa.eu/juris/document/document.jsf?text=&docid=274867&pageIndex=0&doclang=ES

personales debe ser revisable por una autoridad independiente y estar sujeta a la intervención humana efectiva. Esta decisión subraya que incluso cuando los datos utilizados en los sistemas automatizados son técnicamente correctos, pueden producirse errores sistémicos si no existe una validación humana efectiva, sobre todo en contextos delicados como la denegación de acceso a un país o la tramitación de una solicitud migratoria. El tribunal remarcó que el artículo 22 del RGPD debe interpretarse en sentido estricto y exige que los Estados miembros garanticen mecanismos que permitan a los afectados impugnar decisiones automatizadas que produzcan efectos jurídicos significativos sobre su situación personal.

En suma, la protección de datos en el entorno telemático de extranjería exige una combinación de medidas normativas, organizativas y tecnológicas que garanticen la licitud, transparencia y proporcionalidad del tratamiento. En este contexto, la interoperabilidad de los sistemas (como SIS, VIS, EURODAC o EES), la presión política sobre el control migratorio y el uso creciente de la inteligencia artificial hacen aún más urgente la adopción de un enfoque basado en derechos fundamentales y centrado en la persona migrante.

Adicionalmente, la sentencia del TJUE en el asunto C333/22 (Ligue des droits humains ASBL y BA v Organe de contrôle de l'information policière), de 16 de noviembre de 2023, ofrece un importante refuerzo jurisprudencial al derecho de rectificación y la protección frente a decisiones automatizadas. En ella, el Tribunal afirma que los interesados tienen derecho a conocer la existencia de tratamientos automatizados que puedan producir efectos jurídicos sobre ellos, incluso en el ámbito policial, y que deben poder solicitar la rectificación o supresión de datos inexactos, así como ejercer un recurso efectivo ante una autoridad de control o un órgano judicial independiente. Esta sentencia también insiste en que los Estados deben establecer procedimientos que garanticen la revisión humana de decisiones automatizadas que afecten de manera significativa a los derechos de los ciudadanos[19].

La sentencia C247/23, dictada por el Tribunal de Justicia de la Unión Europea (TJUE) el 13 de marzo de 2025, representa un hito en la interpretación del derecho de rectificación en el contexto del tratamiento de datos personales sensibles. El caso abordó la negativa de una administración nacional a corregir datos vinculados a la identidad de una persona transgénero, concretamente en relación con su nacionalidad y género registrados en una base de datos automatizada de control fronterizo[20].

El TJUE concluyó que los artículos 16 y 22 del RGPD imponen a las autoridades públicas la obligación de garantizar la exactitud y la corrección oportuna de los datos, así como el derecho del interesado a no ser objeto de una decisión basada únicamente en un tratamiento automatizado, cuando ésta pueda producir efectos jurídicos significativos.

Entre los aspectos clave de la sentencia se destacan:

1. **Ampliación del derecho de rectificación**: El Tribunal afirmó que los datos relativos al género, nacionalidad u otros elementos esenciales de identidad forman parte de los datos personales sensibles y, como tales, requieren procedimientos eficaces y accesibles de corrección, incluso cuando se encuentran integrados en sistemas automatizados o interconectados.

2. **Supervisión humana obligatoria**: Recalcó que las decisiones que afecten a los derechos fundamentales no

---

[19] Tribunal de Justicia de la Unión Europea. (2023). Sentencia TJUE. Asunto C-333/22 (Ligue des droits humains ASBL y BA v OCIP), de 16 de noviembre de 2023, ECLI:EU:C:2023:874. Disponible en: https://eur-lex.europa.eu/legal-content/ES/TXT/?uri=CELEX:62022CJ0333

[20] Tribunal de Justicia de la Unión Europea. (2025, 13 de marzo). Sentencia C-247/23 (Deldits). Luxemburgo. Consultado de https://curia.europa.eu/jcms/upload/docs/application/pdf/2025-03/cp250034es.pdf

pueden basarse únicamente en algoritmos o procesos automatizados. El control humano debe ser sustantivo y no meramente formal, asegurando la interpretación contextual del caso.

3. **Impacto en sistemas como SIS y VIS**: El TJUE advirtió que errores en el registro de alertas en bases de datos migratorias como el Sistema de Información de Schengen (SIS) o el Sistema de Información de Visados (VIS) pueden impedir de facto el acceso al territorio o activar procedimientos de expulsión indebidos. En este contexto, la existencia de mecanismos de rectificación se convierte en una garantía procesal indispensable.

4. **Perspectiva de no discriminación**: El fallo incorpora un enfoque transversal de derechos fundamentales, especialmente desde la óptica de la igualdad y la no discriminación, reconociendo la especial vulnerabilidad de personas transgénero o pertenecientes a minorías étnicas y nacionales.

Este precedente fortalece la doctrina sentada por el Tribunal en sentencias anteriores como Pankki S (C579/21) y Ligue des droits humains (C333/22), consolidando la exigencia de mecanismos transparentes, imparciales y efectivos para la rectificación de datos erróneos que puedan causar consecuencias negativas de índole jurídica o administrativa.

La protección de datos personales en el entorno telemático de extranjería se configura como un pilar esencial para garantizar el respeto a los derechos fundamentales de las personas migrantes. Los riesgos inherentes al uso de tecnologías automatizadas y sistemas interconectados, especialmente cuando se trata de datos biométricos o de identidad, exigen respuestas normativas, organizativas y judiciales contundentes.

La jurisprudencia del TJUE ha marcado un camino claro: el tratamiento de datos personales debe ir acompañado de salvaguardias institucionales, supervisión humana efectiva y mecanismos accesibles de rectificación. En este sentido, la consolidación de una cultura de protección de datos en la gestión migratoria no solo responde a un imperativo legal, sino que constituye una exigencia ética y democrática ineludible.

2.3 Interoperabilidad de bases de datos migratorias: SIS, VIS, EURODAC y EES

Las bases de datos migratorias europeas constituyen un elemento clave en la arquitectura institucional de control fronterizo y movilidad dentro del Espacio Schengen. Estos sistemas están concebidos para almacenar, procesar y compartir datos personales y biométricos de personas nacionales de terceros países, solicitantes de asilo, y viajeros temporales (turistas).

Entre los principales sistemas se encuentran el Sistema de Información de Schengen (SIS), el Sistema de Información de Visados (VIS), la base de datos EURODAC y el Sistema de Entradas y Salidas (EES).

Todos estos sistemas son gestionados por la Agencia de la Unión Europea para la Gestión Operativa de Sistemas Informáticos a Gran Escala en el Espacio de Libertad, Seguridad y Justicia (eu-LISA), organismo responsable de su desarrollo técnico, mantenimiento y seguridad operativa.

Desde su creación en 2012, eu-LISA ha sido un actor esencial en la consolidación de un ecosistema de interoperabilidad técnica y normativa que permite el intercambio fluido y seguro de información entre los Estados miembros, sin comprometer los estándares de protección de datos personales y derechos fundamentales.[21]

---

[21] AGENCIA DE LA UNIÓN EUROPEA PARA LA GESTIÓN OPERATIVA DE SISTEMAS INFORMÁTICOS A GRAN ESCALA (EU-LISA). *European Union Agency for the Operational Management of Large-Scale IT Systems in the Area of Freedom, Security and Justice* [en línea]. [s.f.] [consulta: 20 julio 2025]. Disponible en: https://european-union.europa.eu/institutions-law-budget/institutions-and-bodies/

La interoperabilidad facilita la detección rápida de alertas, fraudes de identidad o solicitantes múltiples, mejorando el control migratorio y la seguridad interna. No obstante, esta capacidad también conlleva riesgos, automatización excesiva, errores sistemáticos, decisiones sin supervisión humana, lo que impone la necesidad de reforzar los mecanismos institucionales de supervisión, transparencia y rectificación conforme al RGPD y la jurisprudencia del TJUE.

El **Sistema de Información de Schengen (SIS)** es una base de datos centralizada operativa en tiempo real, que permite a las autoridades competentes de los Estados miembros intercambiar alertas sobre personas o bienes relacionados con delitos graves, amenazas a la seguridad pública, denegaciones de entrada y desapariciones. El SIS contiene tanto datos identificativos como descripciones biométricas, lo que ha generado preocupación sobre la proporcionalidad de su uso en contextos no estrictamente policiales[22]

Facilita la cooperación policial y judicial en materia penal y de inmigración. Permite el intercambio de alertas sobre personas buscadas, desaparecidas, inadmitidas o que representan una amenaza para la seguridad pública, así como objetos sustraídos. Se utiliza extensamente para impedir la entrada de personas no autorizadas en el territorio Schengen, lo que puede tener consecuencias jurídicas relevantes para los migrantes afectados, especialmente si las alertas se basan en información inexacta.

El **Sistema de Información de Visados (VIS)** gestiona datos sobre solicitudes de visado de corta duración, conectando consulados en países terceros y puntos de control fronterizo.

El VIS contiene datos alfanuméricos, biométricos (huellas dactilares y fotografía facial), así como las decisiones tomadas en relación con cada solicitud. Su carácter interoperable y la amplitud de entidades con

---

search-all-eu-institutions-and-bodies/european-union-agency-operational-management-large-scale-it-systems-area-freedom-security-and_es

[22] CARRERA, S. *European Security Union*. Cham: Springer, 2014.

acceso suscitan debates sobre control democrático, minimización de datos y riesgos de discriminación.[23]

Rallo estable que el VIS, almacena información sobre visados de corta duración emitidos por los Estados del espacio Schengen. Incluye datos biométricos como fotografías y huellas dactilares, lo que permite verificar la identidad de los viajeros durante los controles fronterizos. Este sistema, aunque efectivo para fines de seguridad, plantea interrogantes sobre la proporcionalidad del uso de datos biométricos frente al derecho a la privacidad.

EURODAC, creado en virtud del Reglamento (UE) n.º 603/2013, es un sistema automatizado que recoge y compara las huellas dactilares de solicitantes de protección internacional y migrantes irregulares con el fin de aplicar eficazmente el Reglamento de Dublín. Su finalidad principal es evitar la presentación múltiple de solicitudes de asilo en diferentes Estados miembros. La doctrina advierte que la utilización de EURODAC con fines secundarios "como la cooperación policial" ha generado preocupaciones sobre una eventual desviación del principio de finalidad.[24]

No obstante, su utilización ha generado controversias éticas y jurídicas debido a que puede conducir a la devolución forzosa de migrantes a países donde enfrentan condiciones precarias o vulneraciones de derechos fundamentales.[25]

Finalmente, el **Sistema de Entradas y Salidas (EES)** (por sus siglas en inglés) es una base de datos automatizada desarrollada por la Unión Europea para registrar electrónicamente las entradas y salidas de nacionales de terceros países que crucen las fronteras exteriores del espacio Schengen para estancias de corta duración.

---

[23] FUNDACIÓN TELEFÓNICA. TELOS 97: *La privacidad en Europa: un debate cada vez más fundamental... o cada vez menos.* Madrid: Fundación Telefónica, 2015.
[24] RALLO LOMBARTE, A. Tratamiento de datos de carácter personal en la era digital. Madrid: Editorial Reus, 2021.
[25] AYLLÓN SANTIAGO, H. S. y FERNÁNDEZ GONZÁLEZ, C. M. *Tratamiento de datos de carácter personal en el ámbito policial.* Madrid: Editorial Reus, 2021.

Este sistema reemplazará al tradicional sellado manual de pasaportes y permitirá llevar un control automatizado y más preciso del número de días de estancia autorizada.

A los efectos del EES, se considera nacional de un tercer país a toda persona que no posea la nacionalidad de ningún Estado miembro de la UE ni la de Islandia, Liechtenstein, Noruega o Suiza. Se entiende por estancia de corta duración toda aquella que no supere los 90 días dentro de un período de 180 días, aplicable de forma conjunta para todos los países que aplican el sistema.[26]

No obstante, como señala la doctrina, este tipo de tecnología implica una vigilancia continua y sistemática de personas migrantes, lo que puede desdibujar la frontera entre control fronterizo legítimo y vigilancia masiva

El EES aún no se encuentra en funcionamiento, aunque se prevé su puesta en marcha en octubre de 2025. Según la Comisión Europea, este sistema tiene como finalidad principal mejorar la gestión de las fronteras exteriores, detectar de forma automatizada casos de permanencia irregular (overstaying), reforzar la seguridad interna y apoyar las políticas de retorno. No obstante, la implementación de esta tecnología también genera preocupación en cuanto al posible establecimiento de un régimen de vigilancia sistemática de personas migrantes, lo que podría tensionar los principios de necesidad y proporcionalidad del tratamiento de datos personales.

Así lo han advertido diversas voces doctrinales que señalan cómo la automatización de procesos migratorios, si no se encuentra debidamente regulada, puede erosionar garantías fundamentales como el derecho a la privacidad, el derecho a no ser objeto de decisiones automatizadas sin supervisión humana y el principio de limitación de la finalidad.

---

[26] COMISIÓN EUROPEA. *¿Qué es el Sistema de Entradas y Salidas (EES)*. [s.f.]. [en línea]. [Consulta: 8 septiembre 2025]. Disponible en: https://travel-europe.europa.eu/es/ees/what-is-the-ees

Estos sistemas no operan de forma aislada, sino que se articulan bajo el marco de interoperabilidad promovido por la agencia eu-LISA, responsable del mantenimiento y desarrollo técnico de las infraestructuras. Esta interconexión técnica permite compartir datos personales sensibles entre sistemas y autoridades, por lo que exige salvaguardas jurídicas adecuadas, auditorías independientes y mecanismos efectivos de rectificación y supresión de datos erróneos, especialmente cuando su inexactitud puede derivar en decisiones restrictivas de derechos.

2.4 Riesgos específicos ligados al uso de datos biométricos

Fugas de información y brechas sistémicas.

Las bases paneuropeas (SIS, VIS, EURODAC) almacenan diariamente millones de huellas, patrones faciales y metadatos de viaje; la magnitud y centralización de este caudal incrementa de forma exponencial la "superficie de ataque"[27]. El European Union Agency for Cybersecurity (ENISA) ha advertido que los registros biométricos resultan mucho más codiciados que las credenciales convencionales, porque son irremplazables: «una contraseña se cambia; una huella dactilar, no»[28]. Una violación masiva puede, por tanto, conllevar la revictimización de solicitantes de asilo perseguidos en sus países de origen, o la localización de defensores de derechos humanos. De ahí que la AEPD exija, además del cifrado en

---

[27] Comité Europeo de Protección de Datos. (2017). *Guidelines on Data Protection Impact Assessment (DPIA) and determining whether processing is "likely to result in a high risk" for the purposes of Regulation 2016/679* (WP 248 rev. 01, pp. 19-20).
[28] EUROPEAN UNION AGENCY FOR CYBERSECURITY (ENISA*). Threat landscape for biometric systems* (p. 6). 2022. ENISA. [en línea]. [Consulta: 8 septiembre 2025]. Disponible en: https://www.enisa.europa.eu/sites/default/files/publications/ENISA%20Threat%20Landscape%202022.pdf

tránsito y reposo, segmentación lógica (micro-segmentation) y políticas de zero trust dentro de cada autoridad usuaria del sistema [29].

Errores en los datos y decisiones automatizadas.

Las entradas duplicadas, la captura defectuosa de huellas húmedas o los falsos positivos de un matcher facial no entrenado adecuadamente derivan en "alertas espurias". La literatura criminológica denomina este fenómeno function creep: una base creada para un fin (asilo) termina sirviendo para propósitos policiales, sin depuración previa[30]. Cuando la autoridad fronteriza actúa bajo "respuesta tiempo real", la corrección a posteriori resulta ineficaz: una expulsión ejecutada antes de revisar la discrepancia vulnera el principio de exactitud (art. 5.1 d) RGPD) y el derecho a un recurso efectivo del art. 47 CDFUE. El TJUE ha reiterado que los Estados deben prever mecanismos ágiles de rectificación en frontera y no remitir al afectado a complejos procedimientos consulares[31].

Suplantación de identidad y ataques de presentación.

La investigación forense demuestra que basta con "impresiones latentes" de alta resolución obtenidas de superficies pulidas para imprimir falsos moldes de silicona con una tasa de éxito > 80 % en lectores ópti-

---

[29] AGENCIA ESPAÑOLA DE PROTECCIÓN DE DATOS (AEPD). *Guía práctica para la Evaluación de Impacto en la Protección de Datos (2.ª ed., pp. 15-23).* 2021. [en línea]. [Consulta: 8 septiembre 2025]. Disponible en: https://www.aepd.es/guias/gestion-riesgo-y-evaluacion-impacto-en-tratamientos-datos-personales.pdf

[30] GARCÍA MAHAMUT, R. *Tratamiento de datos de carácter personal por razones de seguridad* Aranzadi. 2021

[31] Tribunal de Justicia de la Unión Europea. (2023). Sentencia de 26 de octubre de 2023, FT c. DW, asunto C-307/22, ECLI:EU:C:2023:811.

cos de primera generación[32]. Los denominados deepfakes faciales elevan aún más la amenaza: se sintetiza un rostro "probable" y se engañan algoritmos de verificación selfie-based usados en visados a distancia. Barona Vilar recuerda que el RGPD impone una obligación de "privacy-by-design" que exige detectar ataques de presentación (PAD) en el propio sensor no en capas posterioreS, combinando liveness-detection y test de consistencia de temperatura dérmica [33].

Plataformas no oficiales y economía de los "datos grises".

La saturación de ventanillas consulares ha generado aplicaciones móviles que prometen acelerar citas o rellenar formularios. Muchas operan desde jurisdicciones extracomunitarias, carecen de Delegado de Protección de Datos y monetizan la biometría mediante ad-tracking y data-brokering[34]. Fernández Salmerón denuncia que esta "intermediación parasitaria" provoca doble exposición: primero, frente a la empresa que recopila; después, frente a terceros que compran o piratean la información. El RGPD exige que el responsable migratorio evalúe estos flujos secundarios; de lo contrario incurre en accountability gap y puede ser corresponsable del tratamiento ilícito.[35]

---

[32] INTERNATIONAL ORGANIZATION FOR STANDARDIZATION. *ISO/IEC 30107-3:2017. Information technology – Biometric presentation attack detection — Part 3: Testing and reporting.* ISO, 2017.

[33] BARONA VILAR, S. Tecnología biométrica y derechos fundamentales en el control migratorio europeo. *Revista Actualidad Jurídica Iberoamericana.* 2022, n.º 21, pp. 155-156.

[34] FERNÁNDEZ SALMERÓN, J. *Ciberseguridad, privacidad y datos personales en el espacio Schengen.* Madrid: Editorial Reus, 2021

[35] COMITÉ EUROPEO DE PROTECCIÓN DE DATOS y SUPERVISOR EUROPEO DE PROTECCIÓN DE DATOS. Joint Opinion 05/2021 on the Proposal for a Regulation on EURODAC, apdo. 4 [en línea]. 2021. Disponible en: https://edpb.europa.eu

2.5 Riesgos emergentes: sesgo algorítmico y función policial ampliada

Numerosos estudios (p.ej., Buolamwini & Gebru, 2018) prueban que los algoritmos de reconocimiento facial presentan tasas de falso positivo hasta 35 % más altas en mujeres de piel oscura que en varones caucásicos. En el contexto fronterizo, ello se traduce en detenciones desproporcionadas de colectivos racializados o musulmanes, infringiendo el art. 21 CDFUE (no discriminación). Además, la reciente normativa sobre interoperabilidad (Reg. 2019/817 y 818) permite a Europol consultar EURODAC y VIS con fines de lucha antiterrorista; este cambio funcional exige revaluar constantemente la proporcionalidad a través de Evaluaciones de Impacto dinámicas (EIDP "vivas") y consultas previas a la autoridad de control cuando el riesgo residual sea alto (art. 36 RGPD)[36]

2.6. Evaluación de Impacto y principios de minimización

La **Evaluación de Impacto en la Protección de Datos (EIPD)** o *Data Protection Impact Assessment* (DPIA) fue concebida por el artículo 35 RGPD como la principal salvaguarda ex-ante cuando se tratan categorías especiales de datos a gran escala o mediante tecnologías "nuevas" o "innovadoras" que puedan entrañar "alto riesgo" para los derechos y libertades de las personas. Los sistemas SIS, VIS y EURODAC cumplen todos los criterios de riesgo elevado identificados por el Comité Europeo de Protección de Datos (CEPD):

a) Tratamiento masivo y centralizado de biometría;

b) Carácter transfronterizo e interoperable;

---

[36] Parlamento Europeo & Consejo. (2018). Reglamento (UE) 2018/1861 (art. 29); Parlamento Europeo & Consejo. (2019). Reglamento (UE) 2019/818 (art. 13).

c)   Efectos jurídicos directos sobre los interesados (denegación de entrada, traslado forzoso, expulsión)[37]

2.6.1. Contenido mínimo de una EIPD en grandes bases biométricas

El CEPD y la Agencia Europea para la Protección de Datos (AEPD) han sistematizado la metodología DPIA en cuatro fases sucesivas[38]:

1.   **Descripción sistemática** del tratamiento (finalidades, bases jurídicas, categorías de datos y de afectados, flujos transnacionales, plazos de conservación y destinatarios).

2.   **Evaluación de la necesidad y proporcionalidad**.
   - Se exige la aplicación estricta del test *legality-necessity-proportionality* desarrollado por la jurisprudencia del TJUE (Digital Rights Ireland, Tele2/Watson, La Quadrature du Net)[39].
   - En materia migratoria, el examen debe justificar por qué el objetivo de control fronterizo no puede alcanzarse mediante medidas menos intrusivas: p. ej. almacenamiento local con

---

[37] COMITÉ EUROPEO DE PROTECCIÓN DE DATOS (CEPD*). Guidelines on Data Protection Impact Assessment (DPIA), WP 248 rev. 01*. 2017, pp. 19-20. [en línea]. [Consulta: 8 septiembre 2025]. Disponible en: https://www.aepd.es/documento/wp248rev01-es.pdf

[38] AGENCIA ESPAÑOLA DE PROTECCIÓN DE DATOS (AEPD). *Guía práctica para la Evaluación de Impacto en la protección de datos. 2.ª ed. 2021,* pp. 15-23. [en línea]. [Consulta: 8 septiembre 2025]. Disponible en: https://www.aepd.es/guias/gestion-riesgo-y-evaluacion-impacto-en-tratamientos-datos-personales.pdf

[39] Tribunal de Justicia de la Unión Europea (TJUE), sentencias de 8-abr-2014, asuntos acumulados C-293/12 y C-594/12, Digital Rights Ireland, ECLI:EU:C:2014:238; y de 21-dic-2016, asuntos acumulados C-203/15 y C-698/15, Tele2 Sverige/Watson, ECLI:EU:C:2016:970.

seudonimización reversible, filtros por categorías, o retención acotada a perfiles de riesgo concretos.

3. **Análisis detallado de riesgos** para los derechos fundamentales (fuga de datos, discriminación algorítmica, función creep, decisiones automatizadas sin supervisión humana, etc.).

4. **Definición de medidas de mitigación** técnicas y organizativas cifrado, hashing, segmentación lógica de la base, autenticación robusta, logs de acceso inmutables, auditorías externas y *privacy-enhancing technologies* (PETs)–, así como garantías de gobernanza (oficial de protección de datos independiente, comités éticos, evaluación periódica).

La norma ISO/IEC 29134:2017 proporciona una plantilla internacionalmente aceptada, cuya adopción ha sido recomendada por el Supervisor Europeo de Protección de Datos (SEPD) para los proyectos de modernización de SIS[40].

2.6.2. Principios de minimización y limitación temporal

La minimización de datos (art. 5.1.c RGPD) impone al responsable la carga de demostrar que cada dato biométrico almacenado es "adecuado, pertinente y limitado" con respecto a la finalidad exacta del tratamiento. En los sistemas migratorios se traduce en:

---

[40] SUPERVISOR EUROPEO DE PROTECCIÓN DE DATOS (SEPD). *Opinion 5/2020 on the Second Generation Schengen Information System (SIS II), punto 43.* 2020. [en línea]. [Consulta: 8 septiembre 2025]. Disponible en: https://www.edps.europa.eu/sites/default/files/publication/05-10-19_sisii_es.pdf

- **Captura estricta** de diez huellas y plantilla facial solo si resultan imprescindibles para la autenticación;
- **No inclusión** de atributos complementarios (color de ojos, cicatrices, tatuajes) salvo acreditación razonada de necesidad policial;
- **Desvinculación** de los datos biométricos de información sensible adicional (convicciones religiosas, estado de salud) para evitar perfiles discriminatorios.

En cuanto a la limitación temporal, la jurisprudencia del TJUE exige plazos de supresión previamente establecidos, proporcionados y sujetos a revisión periódica. El Reglamento (UE) 2018/1861 fija en *tres* años la retención de las alertas de inadmisión en SIS respecto de nacionales de terceros países; el Reglamento (UE) 2019/818 rebaja a *dieciocho* meses la retención de huellas en EURODAC de personas detenidas por entrada irregular[41]. Una EIPD coherente debe verificar que:

- Los sistemas aplican borrado o anonimización automática al expirar el plazo;
- Se ejecutan controles de consistencia para eliminar duplicidades, falsas coincidencias o registros "huérfanos";
- Se documenta la justificación de toda prolongación excepcional (por ejemplo, antecedentes delictivos graves) y se notifica al interesado junto con vías de recurso efectivas.

---

[41] Reglamento (UE) 2018/1861, art. 29; y Reglamento (UE) 2019/818, art. 13.

2.6.3. Transparencia, consulta de los interesados y supervisión independiente

El RGPD obliga a poner la EIPD a disposición de la autoridad de control cuando los riesgos residuales sigan siendo elevados (art. 36). El CEPD añade que, en "megabases" biométricas paneuropeas, la consulta previa debe extenderse al SEPD y a los organismos nacionales competentes, garantizando coherencia en todo el Espacio Schengen[42]. Asimismo, siguiendo la práctica francesa y neerlandesa, se recomienda publicar resúmenes no confidenciales de los DPIA para reforzar la confianza ciudadana y permitir el escrutinio académico.

Los interesados deben ser informados, en un lenguaje claro (art. 12 RGPD), sobre:

- La existencia del registro en SIS, VIS o EURODAC;
- Los plazos de conservación;
- Los métodos de anonimización;
- Los cauces para ejercer rectificación o supresión (art. 16-17 RGPD).

La falta de transparencia fue uno de los motivos por los que el TJUE anuló, en *Schrems II*, la Decisión 2016/1250 sobre el *Privacy Shield*, subrayando que el secreto no puede justificar la indefinición de garantías efectivas[43].

---

[42] CEPD & SEPD, *Joint Opinion 05/2021 on the Proposal for a Regulation on EURODAC*, apdo. 4.

[43] TJUE, sentencia de 16-jul-2020, asunto C-311/18, *Data Protection Commissioner v Facebook Ireland & Schrems ("Schrems II")*, ECLI:EU:C:2020:559, apdos. 175-181.

2.6.4. Hacia un estándar europeo de Evaluación de Impacto de Protección de datos (DPIA o EIPD) para sistemas migratorios

La Comisión Europea trabaja en una plantilla de DPIA específica para proyectos interoperables de frontera y visados, inspirada en la "toolbox" del SEPD. Tal estándar, de adoptarse, ofrecería criterios homogéneos sobre escalas de riesgo, métricas de discriminación biométrica, umbrales de error y procedimientos de *red-teaming*. Ello facilitaría la evaluación previa por parte de los Parlamentos nacionales –reclamada por el Parlamento Europeo en su Resolución 2021/2237(INI)– y promovería la rendición de cuentas multicapa (nacional, europea, judicial).

La adopción de DPIA exhaustivas y vivas actualizadas cuando cambian los algoritmos o se agregan nuevas fuentes resulta, en suma, la única vía operativa para reconciliar la eficacia de la gestión migratoria con la protección robusta de los derechos fundamentales en la era de los macro-sistemas biométricos paneuropeos.

De ahí que, la implantación de sistemas telemáticos en la gestión migratoria como SIS, VIS, EURODAC y el próximo EES, junto al uso intensivo de datos biométricos, ha mejorado la eficiencia y el control fronterizo, pero también ha multiplicado los riesgos para los derechos fundamentales de las personas migrantes. Errores en los registros automatizados pueden acarrear consecuencias graves, como restricciones de movilidad, expulsiones o denegaciones de asilo.

El Derecho Europeo, respaldado por el RGPD, la LOPDGDD y la jurisprudencia del TJUE con sentencias como Pankki S (C579/21), C333/22 y Deldits (C247/23), ha marcado un camino claro: es indispensable garantizar la exactitud de los datos, la supervisión humana de los sistemas y mecanismos efectivos de rectificación. Solo así se equilibra eficacia administrativa y protección de derechos.

En definitiva, la ciberseguridad en la intervención telemática migratoria debe estar anclada en la protección jurídica de la persona: tecnologías con garantías, estructuras de vigilancia institucional y vías accesibles de defensa. Este enfoque garantista no solo cumple con una obligación legal, sino que refuerza los cimientos democráticos y éticos de las políticas migratorias en sociedades digitales e interconectadas.

3. Desafíos del Acceso Telemático Igualitario

3.1. La brecha digital migrante

En el contexto actual de digitalización administrativa, la relación entre personas migrantes y las Administraciones Públicas se canaliza, casi exclusivamente, a través de medios telemáticos. En España, esta tendencia se ha consolidado con el uso obligatorio de plataformas como MERCURIO para la tramitación electrónica de autorizaciones de residencia y trabajo. No obstante, esta transformación tecnológica, que en principio busca facilitar el acceso y la eficiencia, ha generado una forma de exclusión más sutil pero no menos efectiva: la brecha digital, especialmente acusada en el colectivo migrante.

La brecha digital se manifiesta en tres niveles: acceso (infraestructura), uso (competencia digital) y apropiación (capacidad crítica y autónoma de uso)[44]. Para muchos migrantes, la falta de dispositivos adecuados, la carencia de conectividad estable o la ausencia de conocimientos técnicos mínimos, constituyen barreras reales al ejercicio de derechos fundamentales. La situación se agrava cuando se considera la obligatoriedad legal de relacionarse electrónicamente con la Administración, impuesta por la Ley 39/2015[45].

A ello se suman factores estructurales como el idioma, la inseguridad jurídica derivada de un estatus migratorio inestable, o la precariedad

---

[44] PLAZA OSORIO, A. Brecha digital en España: análisis de las iniciativas estatales, autonómicas y locales para reducirla. *Revista Interuniversitaria de Investigación en Tecnología Educativa* – RiiTE. 2024, n.º 17, pp. 26-45.

[45] Ley 39/2015, de 1 de octubre, del Procedimiento Administrativo Común de las Administraciones Públicas.

socioeconómica. Según un estudio de la Universidad de Murcia, las personas con menos recursos económicos y nivel educativo más bajo presentan una clara desventaja en términos de habilidades digitales, acceso y apropiación tecnológica[46]. Este patrón coincide con el perfil de buena parte de la población migrante, especialmente aquellas personas en situación irregular o en procesos de asilo.

El informe *Brechas 3.0*, elaborado por Accem, documenta con profundidad esta exclusión digital en menores y jóvenes migrantes no acompañados: la mayoría de ellos depende del equipamiento disponible en los centros de acogida, carece de formación en competencias digitales básicas y experimenta una notable dificultad para utilizar recursos administrativos en línea[47]. Esta carencia se transforma en una forma de exclusión que impide su integración real y condiciona su tránsito hacia la mayoría de edad y la autonomía legal.

3.2. Derechos afectados: igualdad, no discriminación y seguridad jurídica

El impacto de la brecha digital no es meramente instrumental, sino jurídico. La imposibilidad de interactuar con la administración por medios electrónicos en igualdad de condiciones vulnera el principio de no discriminación recogido en el artículo 14 de la Constitución Española y el artículo 21 de la Carta de Derechos Fundamentales de la Unión Europea. Se trata de una discriminación indirecta basada en factores interseccionales: estatus migratorio, idioma, nivel educativo y situación socioeconómica.

---

[46] PLAZA OSORIO, A. Brecha digital en España: análisis de las iniciativas estatales, autonómicas y locales para reducirla. *Revista Interuniversitaria de Investigación en Tecnología Educativa* – RiiTE. 2024, n.º 17, pp. 26-45., núm. 17, p. 28.

[47] CUESTA GARCÍA, A. Brechas digitales en menores y jóvenes extranjeros no acompañados. Informe Accem, 2020. [en línea]. Disponible en: https://www.accem.es/archivos/brechas_3.0/files/downloads/Brechas_3.0.pdf [Consulta: 8 septiembre 2025].

En el ámbito de extranjería, la no presentación a tiempo de un trámite, la imposibilidad de descargar una notificación electrónica o la dificultad para usar certificados digitales puede tener consecuencias drásticas: pérdida de autorizaciones, archivo de solicitudes o apertura de procedimientos sancionadores. Estas situaciones comprometen el derecho a la seguridad jurídica y a una tutela judicial efectiva, pilares fundamentales del Estado de Derecho[48].

Además, la administración electrónica no siempre se acompaña de sistemas accesibles y comprensibles. La plataforma MERCURIO, por ejemplo, exige un conocimiento técnico considerable, disponibilidad de certificados electrónicos y uso de programas como AutoFirma. Esta configuración, sin una política pública de acompañamiento, no garantiza el principio de buena administración recogido en el artículo 41 de la Carta de Derechos Fundamentales[49].

3.3. Consecuencias sociales y jurídicas: dependencia, exclusión y fraude

La exclusión digital conduce a una práctica común: la delegación en terceros. Muchos migrantes se ven obligados a pagar a intermediarios, a veces no autorizados, para poder realizar trámites básicos como una solicitud de una cita para extranjería o para la solicitud de asilo.

---

[48] Carta de los Derechos Fundamentales de la Unión Europea, art. 47.
[49] SECRETARÍA GENERAL DE ADMINISTRACIÓN DIGITAL. Manual de Usuario MERCURIO Iniciales. Plataforma de Extranjería. Ministerio de Política Territorial y Función Pública, 2023. [en línea]. [Consulta: 8 septiembre 2025]. Disponible en: https://www.icab.es/export/sites/icab/.galleries/documents-noticies/plataforma-de-extranjeria.-mercurio-iniciales.-manual-de-usuario.pdf

Esta dependencia genera un mercado informal de *"facilitadores digitales"* que cobran por servicios públicos gratuitos, cometen errores que perjudican al interesado o incluso incurren en fraudes documentales[50].

El informe Fronteras Digitales del Servicio Jesuita a Migrantes (SJM) denuncia que esta dependencia está íntimamente ligada a la brecha digital y que las propias condiciones de vulnerabilidad impulsan a los migrantes hacia estas soluciones paralelas, a menudo sin garantías ni supervisión institucional[51]. Este tipo de intermediación, lejos de resolver el problema, acentúa la inseguridad jurídica y alimenta la desigualdad estructural.

A nivel colectivo, esta brecha también limita el papel de las asociaciones migrantes como actores sociales. Investigaciones como la tesis doctoral de Tovar Parra sobre el uso de TIC en el tejido asociativo muestran que muchas organizaciones de inmigrantes carecen de recursos técnicos y humanos para mantener una presencia digital activa, lo que restringe su capacidad de incidencia, información y acompañamiento legal[52].

3.4. Jurisprudencia relevante y respuestas institucionales

La sentencia Data Protection Commissioner vs. Facebook Ireland Ltd. y Maximilian Schrems (C-311/18), dictada por el Tribunal de Justicia de la Unión Europea (TJUE) el 16 de julio de 2020, representa un punto de inflexión en la protección de datos personales en la era digital. Aunque su origen está en la transferencia internacional de datos

---

[50] MIXED MIGRATION CENTRE. Smuggling and Migration in South America: Insights from migrants. 2025.

[51] SERVICIO JESUITA A MIGRANTES. *Fronteras digitales: nuevos desafíos del acceso a derechos en la era telemática.* Madrid: SJM, 2023.

[52] TOVAR PARRA, J. C. *Brecha digital e inmigración en España: El papel y uso de las TIC entre asociaciones de inmigrantes.* Tesis doctoral inédita. Universidad de Valencia, 2017.

personales, sus implicaciones son especialmente relevantes para el trata-miento automatizado de datos migratorios en entornos digitales.

El TJUE invalidó el acuerdo EU-US Privacy Shield al concluir que la normativa estadounidense sobre vigilancia masiva no ofrecía garan-tías equivalentes a las exigidas por el Reglamento General de Protección de Datos (RGPD) y la Carta de Derechos Fundamentales. Señaló, entre otros elementos, la ausencia de recursos judiciales eficaces para ciudada-nos no estadounidenses y el acceso amplio de las agencias de inteligen-cia a los datos personales transferidos[53].

Esta doctrina obliga a evaluar cualquier transferencia de datos in-cluida la que pudiera darse en plataformas digitales migratorias que uti-lizan servicios en la nube no europeas bajo el principio de equivalencia sustancial de protección. La consecuencia inmediata es que ni las cláu-sulas contractuales estándar ni las plataformas oficiales están exentas de evaluación en términos de seguridad jurídica, confidencialidad y pro-tección efectiva del derecho a la rectificación.

Este análisis es particularmente importante cuando consideramos que muchos datos migratorios, incluidos antecedentes penales, datos biométricos y localización geográfica, son altamente sensibles y pueden afectar el acceso a derechos básicos como el asilo o la residencia. La doctrina Schrems II implica que cualquier error o desprotección en el tratamiento de estos datos podría suponer una vulneración estructural de derechos fundamentales[54].

---

[53] TJUE, Sentencia C-311/18, 16 de julio de 2020. Disponible en: https://curia.euro-pa.eu/juris/document/document.jsf?docid=228677&doclang=ES
[54] EUROPEAN DATA PROTECTION BOARD (EDPB). *Recomendaciones sobre transferencia internacional de datos.* 2020. [en línea]. [Consulta: 8 septiembre 2025]. Disponible en: https://www.edpb.europa.eu/sites/default/files/consultation/edpb_re-commendations_202001_supplementarymeasurestransferstools_es.pdf

Iniciativas institucionales y límites estructurales

Algunas iniciativas institucionales buscan reducir esta brecha. Según un estudio de Plaza Osorio, existen más de 120 programas de alfabetización digital impulsados por administraciones autonómicas y locales, aunque su alcance es desigual entre territorios, siendo Madrid y Andalucía las comunidades más activas en esta materia[55]. Sin embargo, son escasos los programas específicamente dirigidos a personas migrantes.

Frente a ello, entidades del tercer sector como Accem, CEAR o Fundación La Merced desarrollan programas de formación digital para migrantes, así como acompañamiento en la tramitación telemática. No obstante, la ausencia de una política estatal integral que reconozca esta desigualdad como un problema de derechos humanos sigue siendo una carencia estructural del modelo actual.

Así pues, la progresiva digitalización de los procedimientos administrativos en materia migratoria representa, sin duda, un avance en términos de eficiencia y modernización institucional. No obstante, este proceso también ha generado nuevas formas de exclusión, especialmente para aquellas personas migrantes que se enfrentan a barreras estructurales de acceso, uso y comprensión de las tecnologías digitales.

La brecha digital migrante no es un fenómeno meramente técnico o instrumental; constituye una problemática jurídica, social y ética que impacta directamente en derechos fundamentales como la igualdad ante la ley, la no discriminación, la seguridad jurídica y el acceso efectivo a la administración.

Como se ha argumentado a lo largo de este capítulo, esta desigualdad se ve agravada por la ausencia de políticas públicas específicas, la complejidad de las plataformas telemáticas, y la escasez de mecanismos institucionales de acompañamiento o asistencia digital.

---

[55] PLAZA OSORIO, A. Brecha digital en España: análisis de las iniciativas estatales, autonómicas y locales para reducirla. *Revista Interuniversitaria de Investigación en Tecnología Educativa* – RiiTE. 2024, n.º 17,, pp. 33–35.

En este contexto, la jurisprudencia europea, particularmente la sentencia Schrems II, ofrece un marco normativo robusto que obliga a replantear el diseño, uso y control de las tecnologías aplicadas al ámbito migratorio. Exige que todo tratamiento de datos especialmente aquellos que afectan a personas vulnerable respete los más altos estándares de protección, transparencia y supervisión.

Asimismo, el papel del tercer sector ha demostrado ser fundamental para mitigar los efectos inmediatos de esta brecha, mediante programas de alfabetización digital y apoyo legal. Sin embargo, mientras no exista una respuesta estructural y coordinada a nivel estatal, la digitalización continuará reproduciendo desigualdades preexistentes y generando nuevas formas de exclusión jurídica.

Es, por tanto, urgente y necesario avanzar hacia un modelo de administración digital inclusivo, multilingüe, garantista y respetuoso con los derechos humanos, que contemple la realidad social, económica y jurídica de las personas migrantes. Este será el objeto del siguiente capítulo.

3.4.1. La acreditación de la presentación telemática en extranjería y la STS 1042/2025

La digitalización de los procedimientos de extranjería ha planteado importantes interrogantes sobre la validez de las actuaciones electrónicas y la garantía de los derechos de los administrados. En este contexto, la Sentencia del Tribunal Supremo 1042/2025, de 17 de julio, ofrece un pronunciamiento clave sobre la carga de la prueba en la presentación telemática de solicitudes migratorias.

En el plano interno, merece destacarse la Sentencia del Tribunal Supremo 1042/2025, de 17 de julio, que introduce una doctrina especialmente significativa para el análisis del acceso telemático en extranjería. La resolución, dictada por la Sala de lo Contencioso-Administrativo (Sección Quinta), con ponencia de la Excma. Sra. D.ª María Concepción García Vicario, resuelve el recurso de casación núm. 4517/2023 y se centra en un problema recurrente en la práctica administrativa: la efectiva acreditación de la presentación electrónica de una solicitud migratoria y las consecuencias jurídicas derivadas de la falta de constancia en el sistema.[56]

El Tribunal Supremo concluye que el mero pago de la tasa administrativa no constituye por sí solo prueba suficiente de la presentación válida de la solicitud. En consecuencia, si el sistema telemático no genera un justificante fehaciente de registro o no se acredita de manera indubitada la recepción de la documentación, la Administración no tiene obligación de requerir al interesado para la subsanación, sino que puede declarar decaído el procedimiento. Ello implica que el administrado en este caso, la persona extranjera solicitante soporta íntegramente la carga de la prueba de la interacción digital.

Desde un punto de vista jurídico, esta doctrina plantea varios problemas. En primer lugar, supone un endurecimiento del régimen previsto en el artículo 68.1 de la Ley 39/2015, del Procedimiento Administrativo Común, que reconoce a los ciudadanos un derecho a ser requeridos para subsanar defectos formales en la presentación de solicitudes.[57]

La exclusión de este principio en el ámbito telemático podría interpretarse como una regresión en términos de garantías procedimentales. En segundo lugar, la sentencia tensiona los principios de seguridad jurídica (art. 9.3 CE), tutela judicial efectiva (art. 24 CE) y el derecho a la buena administración (art. 41 de la Carta de Derechos Fundamentales de la Unión Europea), en tanto la pérdida de un derecho por causas ajenas a la voluntad del solicitante (errores técnicos, incidencias en la

---

[56] Tribunal Supremo, Sala de lo Contencioso-Administrativo (Sección 5ª), Sentencia núm. 1042/2025, de 17 de julio de 2025, rec. casación núm. 4517/2023, ponente: Excma. Sra. D.ª María Concepción García Vicario. Publicada en vLex (ref. 1087326103) y en Migrar con Derechos: http://www.migrarconderechos.es/jurisprudenceMastertable/jurisprudencia/STS_17_07_2025

[57] Ley 39/2015, de 1 de octubre, del Procedimiento Administrativo Común de las Administraciones Públicas (BOE núm. 236, de 2 de octubre de 2015).

plataforma o fallos de interoperabilidad) se traduce en una forma de indefensión jurídica.

Este pronunciamiento del Tribunal Supremo pone de relieve la urgencia de incorporar mecanismos técnicos (acuse fehaciente, trazabilidad, interoperabilidad) y normativos (obligación de subsanación digital, refuerzo del principio pro actione) que permitan evitar situaciones de indefensión y asegurar un acceso equitativo a la administración electrónica.[58]

---

[58] COTINO HUESO, L. La digitalización en las administraciones públicas en España. Madrid: Fundación Alternativas, 2023. pp. 53-59

4. Propuestas para un Sistema Telemático Migratorio Más Justo, Seguro e Inclusivo

La consolidación de medios telemáticos en la gestión migratoria ha puesto de manifiesto no solo avances en eficiencia y automatización, sino también ámbitos de profunda desigualdad y vulnerabilidad. Frente a los retos diagnosticados en el capítulo anterior, se formula a continuación un conjunto de propuestas normativas, técnicas y sociales orientadas a garantizar la inclusión, seguridad y efectividad del sistema digital en el ámbito migratorio.

4.1. Medidas para reforzar la ciberseguridad institucional

La protección de los datos personales en los sistemas digitales utilizados para la tramitación migratoria se ha convertido en un aspecto crucial, especialmente considerando el carácter sensible de la información que se maneja: datos biométricos, históricos penales, o procedencias geográficas que pueden tener repercusiones jurídicas. Para abordar esta vulnerabilidad, se proponen las siguientes medidas:

1. Auditorías periódicas e independientes de las plataformas telemáticas migratorias. Las auditorías de ciberseguridad permiten detectar brechas y vulnerabilidades que podrían ser explotadas maliciosamente. Estas revisiones deben incluir evaluaciones técnicas, operativas y de cumplimiento normativo, y deben estar acompañadas de planes de mejora y transparencia institucional para generar confianza pública[59].

2. Refuerzo de la protección de datos sensibles mediante cifrado y segmentación de accesos. El empleo de tecnologías de cifrado robustas, autenticación multifactorial y segmentación por perfiles de usuario garantiza un mayor nivel de seguridad frente a accesos indebidos o robos de identidad. Estas medidas deben ser auditables y adecuadas a los principios del Reglamento General de Protección de Datos (RGPD)[60].

3. Transparencia sobre el tratamiento de datos por parte de las administraciones públicas. La ciudadanía, en especial la población migrante, tiene derecho a conocer qué datos son recopilados, con qué fines, durante cuánto tiempo se almacenan y quiénes tienen acceso a ellos. Las plataformas deben contar con interfaces comprensibles y accesibles para proporcionar esta información, lo que es parte del principio de "responsabilidad proactiva" del RGPD[61].

4. Revisión y localización de infraestructuras en la nube. Las plataformas como MERCURIO y otras utilizadas para la gestión migratoria deben utilizar centros de datos situados en la Unión Europea. Esto es imprescindible para garantizar que las transferencias internacionales de datos no vulneren la sentencia *Schrems II* del Tribunal de Justicia de la Unión Europea (TJUE, C-311/18), que declaró inválido el acuerdo

---

[59] ORGANIZACIÓN INTERNACIONAL DEL TRABAJO. *Tendencias de la digitalización y virtualización del trabajo y la participación de las personas trabajadoras migrantes*. Ginebra: OIT, 2023.

[60] INSTITUTO DE CENSORES JURADOS DE CUENTAS DE ESPAÑA. La transformación digital en el negocio de auditoría. Madrid: ICJCE, 2019. Disponible en: https://www.icjce.es

[61] APARICIO GÓMEZ, R. X Congreso de Migraciones. Balance del contenido de las comunicaciones. Ministerio de Inclusión, Seguridad Social y Migraciones, 2022.

Privacy Shield entre la UE y EE. UU., por no garantizar una protección equivalente de los derechos fundamentales europeos[62].

5. Fortalecimiento del papel de la Agencia Española de Protección de Datos (AEPD). Se requiere una mayor intervención de la AEPD en la supervisión de las plataformas digitales de extranjería. Esta intervención debe incluir la potestad de suspender o requerir modificaciones en sistemas que no cumplan con los estándares europeos de protección, como se ha señalado en informes recientes sobre digitalización de servicios públicos[63].

6. Implementación de sistemas de trazabilidad de accesos a datos personales, con registros detallados de cuándo, quién y por qué se accede a determinada información. Este sistema permite detectar usos indebidos y garantiza una fiscalización efectiva en casos de abuso o vulneración de derechos.

Estas medidas deben entenderse no como obstáculos al avance digital, sino como mecanismos imprescindibles para evitar un modelo de administración que sacrifica garantías jurídicas en favor de la eficiencia.

4.2. Estrategias para fomentar la inclusión digital de la población migrante

La brecha digital migrante no solo se manifiesta en el acceso limitado a dispositivos o conectividad, sino también en la falta de competencias digitales adaptadas al contexto institucional y jurídico en el que deben desenvolverse. Las siguientes estrategias se dirigen a reducir estas

---

[62] Tribunal de Justicia de la Unión Europea (2020). *Sentencia C-311/18 - Schrems II*. Disponible en: https://curia.europa.eu/juris/document/document.jsf?docid=228677
[63] RODRÍGUEZ DELGADO, J. La protección de los datos personales de los solicitantes de asilo en el espacio europeo. *Revista de Derecho Migratorio y Extranjería*. 2017, n.º 45, pp. 67-91

barreras, garantizando un enfoque inclusivo y proactivo por parte del Estado:

Programas de alfabetización digital específicos para migrantes.
Es esencial establecer planes formativos que contemplen el aprendizaje de herramientas básicas para realizar trámites administrativos. Estos programas deben ser gratuitos, multilingües y culturalmente sensibles, integrando módulos prácticos sobre plataformas como MERCURIO o el sistema Cl@ve, con acompañamiento comunitario en centros sociales y espacios de acogida[64].

Puntos de apoyo digital en oficinas de extranjería y ayuntamientos.
Siguiendo las buenas prácticas recogidas por la OIT, es necesario habilitar ventanillas presenciales con personal formado para asistir en tiempo real a personas que carecen de conocimientos tecnológicos, especialmente en momentos críticos como las renovaciones o solicitudes de arraigo social[65].

Desarrollo de una aplicación móvil oficial multilingüe para trámites migratorios.
Esta herramienta debería centralizar el acceso a expedientes, permitir la recepción de notificaciones, ofrecer tutoriales y guías en varios idiomas y permitir una interacción más fluida con la administración. La usabilidad móvil es clave para facilitar el acceso en contextos de alta movilidad y baja conectividad estable.

Apoyo financiero a asociaciones del tejido migrante.

---

[64] ALGORACE PROJECT. Euromed TechBorders Report: Derechos digitales en las fronteras del sur de Europa. 2023. Disponible en: https://algorace.org
[65] ORGANIZACIÓN INTERNACIONAL DEL TRABAJO. Tendencias de la digitalización y virtualización del trabajo y la participación de las personas trabajadoras migrantes. Ginebra: OIT, 2023.

Estas organizaciones cumplen una función esencial como mediadoras y formadoras digitales. Dotarlas de recursos permitiría ampliar su alcance y asegurar la continuidad de programas que, hasta ahora, dependen mayoritariamente de fondos europeos o donaciones privadas. Las alianzas público-comunitarias deben reconocerse como parte del modelo institucional inclusivo[66].

Estas estrategias no deben ser planteadas como medidas asistenciales, sino como acciones estructurales en favor de la equidad digital y la democratización del acceso a derechos. Su implementación progresiva permitirá transitar hacia una administración verdaderamente accesible, justa y efectiva para todas las personas, con independencia de su origen.

4.3. Reformas normativas y políticas públicas garantistas

Para consolidar un sistema telemático migratorio que respete los principios de legalidad, equidad e inclusión, es indispensable adaptar el marco jurídico actual y reforzar las políticas públicas con enfoque de derechos. Las propuestas que se desarrollan a continuación pretenden corregir los déficits legales identificados y ofrecer soluciones estructurales que permitan avanzar hacia un modelo garantista.

1. **Reforma de la Ley 39/2015 para asegurar la libertad de canal de relación con la Administración**. En la actualidad, el artículo 14 establece la obligatoriedad de la vía electrónica para ciertos colectivos, sin prever con suficiente claridad excepciones o adaptaciones para grupos vulnerables. Se propone modificar la ley para reconocer expresamente el derecho de las personas migrantes a optar por la atención presencial

---

[66] ROSA IGLESIAS, N. El papel de las asociaciones en la transformación digital inclusiva. *Revista Documentación Social*. 2019, n.º 192, pp. 35-50.

cuando existan barreras digitales justificadas[67].

2. **Inclusión de una cláusula de accesibilidad digital en el nuevo Reglamento de Extranjería (Real Decreto 1155/2024, de 19 de noviembre)**. Esta reforma permitiría establecer un principio de flexibilidad procedimental cuando el acceso a medios electrónicos suponga una carga desproporcionada. Ello facilitaría la actuación de la administración mediante la asistencia presencial, la prórroga de plazos o la habilitación de canales alternativos de presentación de documentos.

3. **Evaluación de impacto normativo en derechos digitales**. Toda nueva regulación o reforma que implique el uso de tecnologías en procedimientos migratorios debería incluir un análisis previo de impacto sobre la brecha digital, la protección de datos personales y la accesibilidad para colectivos en situación de vulnerabilidad. Esta evaluación garantizaría que la tecnología no se convierta en un factor de discriminación indirecta.

4. **Creación de la figura del Defensor Digital del Migrante**, adscrita al Defensor del Pueblo, con competencias específicas para supervisar las condiciones de acceso a la administración electrónica por parte de la población extranjera. Esta figura actuaría como garante del principio de no discriminación tecnológica y tendría la capacidad de emitir recomendaciones vinculantes en casos de exclusión digital.

---

[67] ALGORACE PROJECT. *Euromed TechBorders Report: Derechos digitales en las fronteras del sur de Europa*. 2023.

5. **Incorporación del enfoque de interseccionalidad en las políticas digitales**. Las estrategias de digitalización deben considerar los factores que agravan la exclusión digital como el género, la edad, el idioma, el nivel educativo o la situación administrativa para diseñar políticas personalizadas y efectivas que respondan a la diversidad del colectivo migrante[68].

Estas reformas permitirían que el principio de igualdad formal se traduzca en igualdad material, garantizando que los derechos no dependan del grado de alfabetización digital del individuo, sino que la administración esté al servicio del derecho de acceso efectivo.

Por consiguiente, la digitalización del sistema migratorio no puede desvincularse del respeto efectivo a los derechos humanos. Aunque las herramientas telemáticas ofrecen ventajas en términos de eficiencia y transparencia, también suponen un riesgo cuando se implementan sin considerar las condiciones reales de acceso y capacidad de las personas usuarias. La brecha digital no es un efecto colateral inevitable, sino una consecuencia de decisiones técnicas, jurídicas y políticas que pueden y deben corregirse.

A lo largo de este capítulo se han propuesto líneas de acción concretas en tres niveles: ciberseguridad institucional, inclusión digital de la población migrante y reformas normativas garantistas. Estas medidas no deben entenderse como un freno a la innovación, sino como la base para una transformación digital ética, inclusiva y respetuosa con la dignidad humana.

Un sistema telemático verdaderamente justo exige una visión proactiva por parte de las administraciones, la implicación del tercer sector, la inversión pública sostenida y una normativa que no solo permita el acceso formal, sino que garantice el acceso real. Solo así se podrá hablar

---

[68] CONSEJO DE EUROPA. *Human Rights and the Digital Divide*. Strasbourg: Council of Europe Publishing, 2022

de un modelo de gobernanza digital que integre a todas las personas, sin importar su origen, estatus jurídico o nivel educativo. Este horizonte no es utópico, sino jurídicamente exigible y técnicamente alcanzable. Requiere voluntad política, visión social y compromiso institucional con la justicia digital en el ámbito migratorio.

CONCLUSIONES

La presente investigación ha permitido constatar que la digitalización de los procedimientos en materia de extranjería en España no constituye un fenómeno accesorio o meramente instrumental, sino un proceso estructural que transforma de manera profunda la forma en que la Administración Pública se relaciona con las personas migrantes y con los operadores jurídicos que las representan.

En el desarrollo del trabajo se ha evidenciado que la incorporación de medios telemáticos como la plataforma MERCURIO, los sistemas de firma electrónica o los certificados digitales ha supuesto un salto cualitativo en términos de eficiencia administrativa, reducción de tiempos de tramitación y descongestión de oficinas. No obstante, estos avances se acompañan de una serie de tensiones que obligan a una reflexión crítica, en particular el impacto que esta digitalización tiene sobre los derechos fundamentales de los colectivos más vulnerables. De este análisis se derivan las siguientes conclusiones:

Primera. La digitalización de los procedimientos de extranjería no es un simple avance tecnológico, sino un cambio estructural del modelo administrativo. Plataformas como MERCURIO y los sistemas de identificación digital han mejorado la eficiencia y la trazabilidad de los trámites, pero al mismo tiempo han modificado la relación entre la Administración y la persona migrante, introduciendo nuevos retos jurídicos y sociales que deben abordarse desde un enfoque garantista.

Segunda. La denominada *brecha digital migrante* constituye un obstáculo estructural para el acceso a derechos. La falta de dispositivos adecuados, de conectividad, de formación tecnológica y de autonomía en el uso de las plataformas genera una desigualdad real frente a la Administración. Este fenómeno se traduce en consecuencias jurídicas graves, como la pérdida de autorizaciones, la imposibilidad de presentar recursos en plazo o la recepción defectuosa de notificaciones electrónicas.

Tercera. La ciberseguridad y la protección de datos personales se configuran como ejes críticos de la digitalización migratoria. El tratamiento masivo de datos biométricos y la interoperabilidad de sistemas europeos como SIS, VIS, EURODAC y el futuro EES elevan de forma exponencial los riesgos de accesos indebidos, suplantaciones de identidad, fugas de información o errores en los registros. La seguridad técnica debe estar acompañada de garantías jurídicas robustas que aseguren la integridad, confidencialidad y exactitud de los datos tratados.

Cuarta. La jurisprudencia europea ha fijado un estándar claro al exigir exactitud en el tratamiento de datos, mecanismos ágiles de rectificación y la supervisión humana en toda decisión automatizada que produzca efectos jurídicos. Estas exigencias refuerzan la idea de que la tecnología no puede operar en un vacío legal, sino bajo un control institucional estricto que garantice los derechos fundamentales de las personas migrantes.

Quinta. La jurisprudencia nacional, en particular la Sentencia del Tribunal Supremo 1042/2025, ha reforzado la carga de la prueba en la acreditación de trámites telemáticos, imponiendo al administrado la responsabilidad de acreditar la presentación efectiva de sus solicitudes. Aunque este criterio aporta certeza formal al procedimiento, también puede generar situaciones de indefensión para quienes carecen de medios o conocimientos suficientes para desenvolverse en entornos digitales complejos, mostrando la necesidad de una mayor alineación con los estándares europeos de protección de derechos.

Sexta. La digitalización ha incrementado la dependencia de las personas migrantes respecto de intermediarios, tanto habilitados legalmente como informales. Si bien los primeros pueden facilitar el acceso, la existencia de intermediarios no regulados ha dado lugar a prácticas abusivas, explotación económica y fraudes que comprometen la seguridad jurídica de los migrantes. El modelo actual refuerza esta dependencia y requiere medidas que garanticen un acceso más autónomo y seguro a los sistemas telemáticos.

Séptima. La investigación demuestra que la tecnología aplicada a la gestión migratoria no es neutra. El uso de algoritmos de reconocimiento facial, inteligencia artificial y sistemas de alerta automatizados puede reproducir sesgos estructurales y discriminatorios, afectando de manera desproporcionada a colectivos racializados, mujeres y personas en situación administrativa precaria. Estos sesgos vulneran principios fundamentales de igualdad y no discriminación, lo que exige una revisión constante de los sistemas utilizados y la implementación de medidas correctoras.

Octava. Frente a los riesgos detectados, resulta indispensable implementar medidas de mejora que refuercen la ciberseguridad institucional, promuevan la inclusión digital y adapten el marco normativo a un enfoque garantista. Esto incluye auditorías periódicas de las plataformas, programas de alfabetización digital específicos para migrantes, puntos de apoyo en oficinas de extranjería y el desarrollo de aplicaciones oficiales multilingües que faciliten la interacción con la Administración. Asimismo, deben introducirse reformas legales que permitan a los colectivos vulnerables optar por canales presenciales cuando las barreras digitales sean insalvables.

Novena. La falta de una estrategia estatal integral en materia de inclusión digital migrante ha dejado en manos del tercer sector el acompañamiento tecnológico y jurídico de estas personas. Aunque la labor de asociaciones y ONG ha sido fundamental, resulta insuficiente. Es necesaria una política pública estructural que reconozca la inclusión digital como parte del derecho de acceso a la Administración y no como un servicio asistencial dependiente de iniciativas voluntarias o fondos privados.

Décima. La digitalización migratoria, lejos de ser un proceso concluido, se encuentra en plena evolución. La próxima implementación del Sistema de Entradas y Salidas (EES) y la creciente utilización de inteligencia artificial en la gestión fronteriza plantean desafíos inéditos.

Solo un modelo de gobernanza digital que combine eficiencia administrativa con justicia social, supervisión democrática y respeto a los derechos fundamentales podrá evitar que la innovación tecnológica se convierta en una nueva forma de exclusión. El futuro de la justicia digital en extranjería dependerá de situar a la persona migrante en el centro de las decisiones tecnológicas y normativas, garantizando que la transformación digital se alinee con los valores democráticos y con la dignidad humana.

En definitiva, la digitalización de los procedimientos migratorios constituye una oportunidad para modernizar y hacer más eficiente el sistema, pero también exige un compromiso firme con la equidad, la seguridad y los derechos fundamentales. El verdadero reto es lograr que la innovación tecnológica no se traduzca en nuevas formas de exclusión, sino que se convierta en un instrumento al servicio de la dignidad de las personas y de la consolidación de un modelo de administración digital justa, inclusiva y respetuosa con los valores democráticos.

BIBLIOGRAFÍA

AGENCIA ESPAÑOLA DE PROTECCIÓN DE DATOS (AEPD). *Guía práctica para la Evaluación de Impacto en la Protección de Datos (2.ª ed., pp. 15-23).* 2021. [en línea]. [Consulta: 8 septiembre 2025]. Disponible en: https://www.aepd.es/guias/gestion-riesgo-y-evaluacion-impacto-en-tratamientos-datos-personales.pdf

AGENCIA ESPAÑOLA DE PROTECCIÓN DE DATOS (AEPD). *Guía sobre tratamientos de control de presencia mediante sistemas biométricos. 2023.* [en línea] [Consulta: 8 septiembre 2025]. Disponible en: https://www.aepd.es

AGENCIA DE LA UNIÓN EUROPEA PARA LA GESTIÓN OPERATIVA DE SISTEMAS INFORMÁTICOS A GRAN ESCALA (EU-LISA). *European Union Agency for the Operational Management of Large-Scale IT Systems in the Area of Freedom, Security and Justice* [en línea]. [s.f.] [consulta: 20 julio 2025]. Disponible en: https://european-union.europa.eu/institutions-law-budget/institutions-and-bodies/search-all-eu-institutions-and-bodies/european-union-agency-operational-management-large-scale-it-systems-area-freedom-security-and_es

ALGORACE PROJECT. *Euromed TechBorders Report: Derechos digitales en las fronteras del sur de Europa.* 2023.

APARICIO GÓMEZ, R. *X Congreso de Migraciones. Balance del contenido de las comunicaciones.* Ministerio de Inclusión, Seguridad Social y Migraciones, 2022.

AYLLÓN SANTIAGO, H. S. y FERNÁNDEZ GONZÁLEZ, C. M. *Tratamiento de datos de carácter personal en el ámbito policial.* Madrid: Editorial Reus, 2021.

BARONA VILAR, S. Tecnología biométrica y derechos fundamentales en el control migratorio europeo. *Revista Actualidad Jurídica Iberoamericana*. 2022, n.º 21, pp. 155-156.

CARRERA, S. *European Security Union*. Cham: Springer, 2014.

COMISIÓN EUROPEA. *Digital Economy and Society Index (DESI) 2022 Insight Report* [en línea]. 2022 [consulta: 20 julio 2025]. Disponible en: https://digital-strategy.ec.europa.eu

COMISIÓN EUROPEA. *¿Qué es el Sistema de Entradas y Salidas (EES)*. [s.f.]. [en línea]. [Consulta: 8 septiembre 2025]. Disponible en: https://travel-europe.europa.eu/es/ees/what-is-the-ees

COMITÉ EUROPEO DE PROTECCIÓN DE DATOS (CEPD). *Guidelines on Data Protection Impact Assessment (DPIA), WP 248 rev. 01*. 2017, pp. 19-20. [en línea]. [Consulta: 8 septiembre 2025]. Disponible en: https://www.aepd.es/documento/wp248rev01-es.pdf

COMITÉ EUROPEO DE PROTECCIÓN DE DATOS y SUPERVISOR EUROPEO DE PROTECCIÓN DE DATOS. Joint Opinion 05/2021 on the Proposal for a Regulation on EURODAC, apdo. 4 [en línea]. 2021. Disponible en: https://edpb.europa.eu

CONSEJO DE EUROPA. *Human Rights and the Digital Divide*. Strasbourg: Council of Europe Publishing, 2022.

COTINO HUESO, L. *La digitalización en las administraciones públicas en España*. Madrid: Fundación Alternativas, 2023.

CUESTA GARCÍA, A. Brechas digitales en menores y jóvenes extranjeros no acompañados. Informe Accem, 2020. [en línea]. [Consulta: 8 septiembre 2025]. Disponible en: https://www.accem.es/archivos/brechas_3.0/files/downloads/Brechas_3.0.pdf

EUROPEAN DATA PROTECTION BOARD (EDPB). *Recomendaciones sobre transferencia internacional de datos*. 2020. [en línea]. [Consulta: 8 septiembre 2025]. Disponible en: https://www.edpb.europa.eu/sites/default/files/consultation/edpb_recommendations_202001_supplementarymeasurestransferstools_es.pdf

EUROPEAN UNION AGENCY FOR CYBERSECURITY (ENISA). *Threat landscape for biometric systems (p. 6)*. 2022. ENISA. [en línea]. [Consulta: 8 septiembre 2025]. Disponible en: https://www.enisa.europa.eu/sites/default/files/publications/ENISA%20Threat%20Landscape%202022.pdf

FERNÁNDEZ SALMERÓN, J. *Ciberseguridad, privacidad y datos personales en el espacio Schengen*. Madrid: Editorial Reus, 2021.

FNMT-RCM. *Certificados digitales para personas físicas* [en línea]. 2024 [consulta: 24 agosto 2025]. Disponible en: https://www.sede.fnmt.gob.es/certificados

FUNDACIÓN COTEC. *Informe sobre la digitalización administrativa post-COVID* [en línea]. 2023 [consulta: 26 julio 2025]. Disponible en: https://cotec.es

FUNDACIÓN TELEFÓNICA. *TELOS 97: La privacidad en Europa: un debate cada vez más fundamental… o cada vez menos*. Madrid: Fundación Telefónica, 2015.

GAMERO CASADO, E. Reflexiones introductorias: de la administración electrónica a la digital (o la historia interminable). En: CERRILLO I MARTÍNEZ, A. (coord.). *La administración digital*. Madrid: Dykinson, 2022, pp. 33-35.

GARCÍA MAHAMUT, R. *Tratamiento de datos de carácter personal por razones de seguridad*. Cizur Menor: Aranzadi, 2021.

INSTITUTO DE CENSORES JURADOS DE CUENTAS DE ESPAÑA. *La transformación digital en el negocio de auditoría*. Madrid: ICJCE, 2019.

INTERNATIONAL ORGANIZATION FOR STANDARDIZATION. *ISO/IEC 30107-3:2017. Information technology – Biometric presentation attack detection — Part 3: Testing and reporting*. ISO, 2017.

LÓPEZ, A. L., UQUILLAS, G. G., JÁCOME, I. M. y PÉREZ, F. P. La transformación digital en la administración pública: evolución y tendencias de investigación. *Perspectivas Sociales y Administrativas*. 2025, vol. 3, n.º 1, pp. 17-36.

MINISTERIO DE INCLUSIÓN, SEGURIDAD SOCIAL Y MIGRACIONES. *Plataforma MERCURIO – Guía de uso para empleadores*. [en línea]. 2023 [consulta: 22 julio 2025]. Disponible en: https://extranjeros.inclusion.gob.es

MIXED MIGRATION CENTRE. *Smuggling and Migration in South America: Insights from migrants*. 2025.

OCDE. *Recomendación del Consejo sobre estrategias de gobierno digital*. [en línea]. 2014 [consulta: 24 agosto 2025]. Disponible en: https://www.oecd.org/gov/digital-government/

ORGANIZACIÓN INTERNACIONAL DEL TRABAJO. *Tendencias de la digitalización y virtualización del trabajo y la participación de las personas trabajadoras migrantes*. Ginebra: OIT, 2023.

PLAZA OSORIO, A. Brecha digital en España: análisis de las iniciativas estatales, autonómicas y locales para reducirla. *Revista Interuniversitaria de Investigación en Tecnología Educativa – RiiTE*. 2024, n.º 17, pp. 26-45.

PÉREZ-MONEO, M. Brecha digital y acceso a derechos sociales. *Revista Española de Sociología*. 2021, vol. 30, n.º 2, pp. 91–105.

RALLO LOMBARTE, A. *Tratamiento de datos de carácter personal en la era digital*. Madrid: Editorial Reus, 2021.

RODRÍGUEZ DELGADO, J. La protección de los datos personales de los solicitantes de asilo en el espacio europeo. *Revista de Derecho Migratorio y Extranjería*. 2017, n.º 45, pp. 67-91.

ROSA IGLESIAS, N. El papel de las asociaciones en la transformación digital inclusiva. *Revista Documentación Social*. 2019, n.º 192, pp. 35-50.

SEDE ELECTRÓNICA DEL MINISTERIO DE INCLUSIÓN. *Extranjería* [en línea]. 2024 [consulta: 24 agosto 2025]. Disponible en: https://extranjeros.inclusion.gob.es

SECRETARÍA GENERAL DE ADMINISTRACIÓN DIGITAL. Manual de Usuario MERCURIO Iniciales. Plataforma de Extranjería. Ministerio de Política Territorial y Función Pública, 2023. [en línea]. [Consulta: 8 septiembre 2025]. Disponible en: https://www.icab.es/export/sites/icab/.galleries/documents-noticies/plataforma-de-extranjeria.-mercurio-iniciales.-manual-de-usuario.pdf

SERVICIO JESUITA A MIGRANTES. *Fronteras digitales: nuevos desafíos del acceso a derechos en la era telemática.* Madrid: SJM, 2023.

SUPERVISOR EUROPEO DE PROTECCIÓN DE DATOS (SEPD). Opinion 5/2020 on the Second Generation Schengen Information System (SIS II), punto 43. 2020. [en línea]. [Consulta: 8 septiembre 2025]. Disponible en: https://www.edps.europa.eu/sites/default/files/publication/05-10-19_sisii_es.pdf

TOVAR PARRA, J. C. *Brecha digital e inmigración en España: El papel y uso de las TIC entre asociaciones de inmigrantes.* Tesis doctoral inédita. Universidad de Valencia, 2017.

ANEXO LEGISLATIVO

Legislación Estatal

Ley 39/2015, de 1 de octubre, del Procedimiento Administrativo Común de las Administraciones Públicas. *Boletín Oficial del Estado*. 2015, n.º 236, pp. 89343–89410.

Ley 40/2015, de 1 de octubre, de Régimen Jurídico del Sector Público. *Boletín Oficial del Estado*. 2015, n.º 236.

Ley Orgánica 3/2018, de 5 de diciembre, de Protección de Datos Personales y garantía de los derechos digitales. *Boletín Oficial del Estado*. 2018, n.º 294.

Real Decreto 1155/2024, de 19 de noviembre, por el que se aprueba el Reglamento de la Ley Orgánica 4/2000, de 11 de enero, sobre derechos y libertades de los extranjeros en España y su integración social. *Boletín Oficial del Estado*. 2024, n.º 278, 20 noviembre.

Legislación Comunitaria

Carta de los Derechos Fundamentales de la Unión Europea. *Diario Oficial de la Unión Europea, C 364, 2000.*

Reglamento (UE) n.º 603/2013 del Parlamento Europeo y del Consejo, de 26 de junio de 2013, relativo a la creación del sistema «Eurodac» para la comparación de las impresiones dactilares para la aplicación efectiva del Reglamento (UE) n.º 604/2013. *Diario Oficial de la Unión Europea. 2013*, L 180, pp. 1–30.

Reglamento (UE) 2016/679 del Parlamento Europeo y del Consejo, de 27 de abril de 2016. *Diario Oficial de la Unión Europea*. 2016, L 119, pp. 1–88.

Reglamento (UE) 2018/1861 del Parlamento Europeo y del Consejo, de 28 de noviembre de 2018. *Diario Oficial de la Unión Europea*. 2018, L 312, pp. 14–55.

Reglamento (UE) 2019/818 del Parlamento Europeo y del Consejo, de 20 de mayo de 2019. *Diario Oficial de la Unión Europea*. 2019, L 135, pp. 27–84.

ANEXO JURISPRUDENCIAL

STJUE de 8 de abril de 2014, *Digital Rights Ireland Ltd* (C-293/12 y C-594/12) Tribunal de Justicia de la Unión Europea. [en línea]. Disponible en: https://curia.europa.eu/juris/document/document.jsf?docid=150642

STJUE de 21 de diciembre de 2016, *Tele2 Sverige AB y Watson* (C-203/15 y C-698/15). Tribunal de Justicia de la Unión Europea [en línea]. Disponible en: https://curia.europa.eu/juris/document/document.jsf?docid=186492

STJUE de 16 de julio de 2020, *Data Protection Commissioner v. Facebook Ireland Ltd. & Schrems*. (C-311/18). Tribunal de Justicia de la Unión Europea. [en línea]. Disponible en: https://curia.europa.eu/...

STJUE de 22 de junio de 2023, *Pankki S* (C-579/21), ECLI:EU:C:2023:503. Tribunal de Justicia de la Unión Europea. [en línea]. Disponible en: https://curia.europa.eu/juris/document/document.jsf?docid=274867

STJUE de 26 de octubre de 2023, FT contra DW, C-307/22, ECLI:EU:C:2023:81. Tribunal de Justicia de la Unión Europea. [en línea]. Disponible en: https://curia.europa.eu/juris/document/document.jsf?docid=279125&doclang=ES

STJUE de 16 de noviembre de 2023, *Ligue des droits humains ASBL* (C-333/22), ECLI:EU:C:2023:874. Tribunal de Justicia de la Unión Europea. [en línea]. Disponible en: https://eur-lex.europa.eu/legal-content/ES/TXT/?uri=CELEX:62022CJ0333

STJUE de 13 de marzo de 2025, *Deldits* (C-247/23). Tribunal de Justicia de la Unión Europea. [en línea]. Disponible en:https://curia.europa.eu/jcms/upload/docs/application/pdf/2025-03/cp250034es.pdf

STS *núm. 1042/2025, de 17 de julio de 2025,* rec. casación núm. 4517/2023. Ponente: María Concepción García Vicario. Madrid: Tribunal Supremo, 2025. Disponible en: https://vlex.es/vid/1087326103 y en: http://www.migrarconderechos.es/jurisprudenceMastertable/jurisprudencia/STS_17_07_202

Published
in December
2025

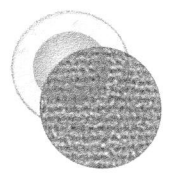

Faber & Sapiens